미안하다는 말은 너무 늦지 않게

미안하다는 말은 너무 늦지 않게

오충순 지음

STOREHOUSE

작가의 말

대화란

행복, 가정, 자신은 인간이 살아가는 동안 가장 중요한 3가지 관심사다. 이 3가지 관심사를 든든히 받쳐주는 것은 건강이다. 그러므로 건강은 기본적인 필수요건이라고 할 수 있다. 건강함은 기본을 유지하는 것이다. 육체적 건강, 정신적 건강 모두 기본을 유지하는 것이 중요하다. 건강함을 유지하는 것 특히 정신적 건강함을 유지하기 위해서는 타인과의 교류가 중요하다. 타인과의 교류의 촉매는 '대화'이며 이 책의 핵심 주제다.

대화는 양면성이 있다. 대화처럼 쉬운 것도 없다. 인간은 태어나 말을 배우기 시작하면서 대화를 하기 시작한다. 대화를 통해 행복을 느끼고 감동을 받는다. 인간이 다른 생명체보다 가장 잘하는 것이 대화이지만 대화만큼 어려운 것도 없다. 대화를 통해 오해가 생기고 불행이 싹튼다.

대화는 말이므로 하기 쉽고 누구나 할 수 있지만 혼자서만 할 수 없고 상대방이 있기 때문에 어렵다. 전달자의 의도와 수신자의 수신이 일치하지 않아 틈이 생기고 그 틈이 바로 오해다. 올바른 대화를 통해 오해를 줄이는 것이 이 책의 내용이다. 이 책은 결혼, 가정, 직장, 사회 등의 다양한 소재를 통해 대화의 중요성과 그 의미를 다룬다. 사회통신망의 발달로 따뜻한 마음까지 담은 대화가 부족한 요즘 대화가 왜 필요한지 다양하게 설명한다.

이 책에서는 대화가 어려운 것이 아니라 관심을 갖는 것이 어렵다는 메시지를 전하려고 했다. 고도의 지식으로 풀어가는 대화가 아니라 일상에서 쉽게 할 수 있는 사례별 대화와 소통을 제시하려고 했다. 대화란 생으로 먹으면 비리고 탈이 날 수 있지만 볶으면 맛도 좋고 영양도 풍부한 땅콩과 같다는 메시지를 담기 위해 노력했다.

- 저자 오충순

Chapter

1

대화는 왜 필요할까?

인간은 혼자 살아가기 어렵다. 그리스 철학자 아리스토텔레스(Aristotle)는 인간은 개인으로 존재하지만 타인과 끊임없이 관계하며 살아간다면서 인간을 '사회적 동물(Social Animal)'로 표현했다. 관계란 타인과 상호작용하는 것이므로 사회성이 중요하다. 인간은 자신의 뜻과 의지만 주장하면서 살아갈 수는 없다. 자기중심적 태도가 강하면 소속 집단이나 사회로부터 소외당하고 고립될 가능성이 크다.

우리는 사회성을 기르기 위해 어릴 때부터 많은 교육과 훈련을 받는다. 유아기에는 부모로부터, 아동기와 청소년기에는 학교와 또래 집단으로부터 학습한다. 성인이 된 후에는 성숙한 인격체로서 그동안 습득한 사회성을 발휘한다. 이렇게 학습한 개별적 인간은 나름대로 꿈꾸는 삶을 추구한다. 한 개인으로, 공동체의 일원으로 행복하기 위해 노력한다. 그런데 현실에서는 상처받고 좌절하는 경우가 종종 있다.

그 이유는 무엇일까? 상처받고 좌절하는 사람들은 대부분 그 원인을 자신에게 돌리기보다 타인에게 떠넘기는 경우가 많다. 성장 과정이 불행해 현재의 삶이 불안정하다거나 사회의 불평등한 구조 때문이라고 말한다. 또 타인의 간섭과 몰이해를 탓한다. 이렇게 '내 탓'이 아닌 '남 탓'으로 돌려 문제가 해결된다면 핑곗거리를 잡아 탓해도 상관없다. 그럼에도 불구하고 문제가 해결되지 않는다면 문제의 원인을 자신에게서도 찾아보아야 한다. 그렇지 않으면 부모도 친구도 배우자도 자식도 종교도 정치도… 모든 것이 원인이고 잘못이라고 생각하는 삶을 살게 된다.

서로에게 향하는 길

훌륭한 의사소통은 블랙커피처럼 자극적이며 의사소통 후에 잠들기 어렵다.
- 린드버그

우리 가족은 자신의 월수입의 1% 범위 내에서 매월 관심 있는 책을 산다. 2018년 12월 남편은 『환자 혁명』, 『의사의 반란』, 『식사가 잘못되었습니다』라는 책들을 사 온 적이 있다. 세 권 모두 건강과 식습관이 내용인데 남편은 열심히 읽더니 내게도 꼭 읽어볼 것을 권했다. 우리 부부는 세 권을 다 읽은 후 2019년 1월부터 새로운 식습관을 갖기로 결심했다. 좀 더 건강한 반찬과 온전한 현미밥, 간헐적 단식을 시도하기로 했다. 탄수화물 섭취를 줄이고 야채 위주의 반찬과 단백질 보충을 위해 두부와 콩 요리로 식단을 바꾸었고 지금까지도 그 습관을 실천하는 중이다.

이렇게 식단을 조정한 후 남편은 일주일에 한 번씩 땅콩을 사왔다. 탄수화물을 최소화하고 식사량도 절반으로 줄였기 때문에 출출한 초저녁에 간식으로 먹기 위해서다. 땅콩도 적당한 양만 먹기 위해 한 줌만 꺼내 놓는다. 땅콩은 먹는 것보다 이런 저런 이야기를 나누는 대화의 촉매제로 사용되었다. 우리 가족은 딸아이가 시집가기 전에도 대화를 많이 나누는 편이었는데 지금은 우리 부부만 있으니 이야기 나눌 시간이 더 많다. 어느 날 우리 부부는 이른 저녁 식사 후 땅콩 한 줌을 꺼내 놓고 하루 동안 있었던 이야기를 나누다가 '대화'에 대한 이야기를 나누게 되었다.

"대화를 땅콩에 비유해보면 어떨까?"

남편이 먼저 말을 꺼냈다.

"응? 그거 재미있는 비유네. 대화와 땅콩이라…."

"땅콩도 여러 종류가 있잖아."

"그렇지. 생땅콩, 삶은 땅콩, 볶은 땅콩, 썩은 땅콩, 찌그러진 땅콩, 오동통 잘 여문 땅콩… 정말 많네."

"생땅콩은 좀 비리고 많이 먹으면 설사하니 바람직한 대화가 아니네.”

“그래도 생땅콩이 말라 비틀어지거나 썩은 땅콩보다는 낫겠지?”

“하하! 당연히 그렇지. 땅콩 중에서 삶은 땅콩이 영양가가 가장 높다던데.”

“그런가? 나는 볶은 땅콩이 제일 맛있더라. 당신은?”

“나도 볶은 땅콩이 맛있어요.”

“그럼 볶은 땅콩이 영양도 있고 맛도 있고 고소하기도 하니 가장 좋은 대화네.”

“하하! 기준에 따라 다르지 않을까요?”

“영양학적으로는 삶은 땅콩, 맛으로는 볶은 땅콩, 신선하기로는 생땅콩?”

“그렇지. 그래도 우리가 자주 사먹는 게 볶은 땅콩이니 그냥 볶은 땅콩이 가장 좋은 대화라고 할까?”

“그럴까?”

“그런 의미에서 땅콩 한 줌만 더 먹으면 안 될까?”

“안 되죠. 저녁 8시 이후에는 안 먹기로 했잖아요. 그래도 오늘 딱 한 번만 한 줌 더 먹읍시다.”

“하하! 그럽시다!”

그 날 우리 부부는 땅콩 하나를 주제로 심심찮게 대화를 나누었다. 우리 부부가 대화를 나누는 소재는 땅콩뿐만이 아니다. 커피를 마실 때는 대화 소재를 커피로 정하고 김치를 먹다가는 파김치, 총각김치, 배추김치 등 김치를 대화 소재로 삼는다. 모름지기 대화란 "자, 대화하자. 무슨 대화할까?" 이렇게 시작하는 것이 아니다. 이렇게 시작하면 할 말이 있다가도 딱 막히게 된다. 대화는 그냥 소소한 소재로 자연스럽게 시작하는 것이 좋다. 소소한 것으로 시작해야 온전한 대화를 누릴 수 있다. 특별할 것은 없지만 우리 집은 대화의 공간으로 안방을 서재로 꾸몄다. 우리 집에서 가장 큰 방을 서재로 만든 것이다. 우리 가족은 부부와 딸뿐으로 단출하다. 셋 다 책을 좋아하다 보니 출입문을 제외한 모든 벽면을 책장으로 채워 넣었다.

우리는 집에서 잠자고 식사하는 시간을 빼면 대부분을 서재에서 보낸다. TV는 거실에 두고 휴식 시간이나 특별한 경우에만 거실에서 함께 보낸다. 온 가족이 서재에서 책을 읽다가 자연스럽게 질문하거나 토론도 한다. 재미있거나 유익한 책은 돌아가며 읽기도 한다. 공간은 한 가족의 일상생활에 생각보다 큰 영향을 미친다. 온 가족이 서재에서 지내는 시간이 많다 보니 서로 영향을 받는 것도 많다. 서로 지식을 공유하고 무의식중에 나오는 비속어가 있으면 지적해주고 바른말, 고운 말, 최신 맞춤법 등을 서로 가르쳐준다. 딸아이에게 신세대 용어를 물어

볼 때도 있다. 서로의 논문이나 기사를 돌아가며 읽고 코멘트 해주기도 한다. 서로 전공이 다르니 모르는 분야를 묻고 답함으로써 융합이 자연스럽게 일어난다. 이렇듯 서재는 우리 집에서 아지트와 같은 곳이다.

우리 집의 또 다른 특징은 모든 문을 열어둔다는 것이다. 환기할 목적도 있지만 문을 닫고 혼자 지내는 시간을 최소화하려는 목적도 크다. 온 가족이 함께 보내는 시간을 많이 갖자는 취지다. 이것도 가족 간에 많은 대화를 유도하는 방법이다. 개인 프라이버시를 지키고 싶을 때는 언제든 그 의사를 존중해 주므로 불편한 점은 별로 없다. 이렇게 문을 열어두면 주방, 거실, 베란다에서도 서로 이야기가 들리고 소통이 가능하다. 한때 딸아이의 사춘기 시절을 걱정했지만 별 문제는 없었다. 어릴 때부터 습관이 들어서인지 딸아이는 문이 닫혀 있으면 오히려 갑갑해 한다.

에스더 M. 스턴버그는 『공간이 마음을 살린다』라는 책에서 “우리가 머무는 크고 작은 공간이 우리의 몸과 마음의 행복을 좌우한다. 내가 머무는 곳이 나를 움직인다.”라고 했다. 같은 집이라도 어떻게 배치하고 이용하느냐에 따라 가족 간의 대화가 단절되거나 풍요로워진다. 소소한 대화 소재는 주변 어디서나 찾을 수 있다. 서로에게 향하는 길은 어렵지 않다. 가족 간에 대화할 수 있는 공간을 만들고 일상적인 주제로 대화를 시작한다면 풍요로운 대화의 꽃이 피어날 수 있을 것이다.

타인을 인정하는 방법

칭찬이란 타인이 자신과 비슷하다고 인정하는 예절 바른 방법이다.
- 앙브로즈 피어스

"오! 천재인데요! 대단해요!"

나는 똑똑한 사람을 좋아하고 부러워한다. 사람들이 어쩌면 저렇게 머리가 잘 돌아가고 내가 미처 생각하지도 못한 것을 생각해내는지 모두 천재 같다. 내 주변 사람 중에 "와! 천재인데요!"라는 내 칭찬을 안 받아 본 사람이 없을 것이다. 아직 못 받았다면 나와 친분이 별로 없거나 만난 지 얼마 안 된 사람이리라. 그런데 참 이상하게도 내가 천재 같다고 칭찬해주면 대부분 무척 당황한다. 심지어 언짢아하기도 한다. 그런데 더 이상한 것은 그런 반응을 보이는 사람들은 정말 똑똑하다는 것이다. 그런데도 그들은 "칭찬이야? 욕이야?"라며 미간을 찌푸린다. 어쩌면 본인이 보기에는 별것 아닌데 내가 천재라고 하니 놀린다고 생각한 걸까?

처음에는 남편도 언짢은 반응을 보였다. 놀리는 거냐고 되묻기도 했다. 그런데 자꾸 들으니 지금은 기분이 좋아진단다. 이제는 남편도 사람들에게 "와! 천재인데요!"라며 칭찬한다. 칭찬을 들으면 쑥스러워하는 사람도 있다. 왜 그럴까? 아마도 우리나라 사람들의 정서상 겸손을 미덕으로 생각하기 때문 아닐까? 내가 생각하지 못한 것을 누군가 기발한 생각으로 해결하거나 대안을 제시하면 나는 곧바로 칭찬을 날린다. 하지만 상대방은 그런 칭찬을 받아들일 준비가 안 된 경우가 많다. 칭찬은 사람을 기쁘게 하고 기분 좋게 만든다. 칭찬은 고래도 춤추게 한다고 하지 않는가. 칭찬할 때는 어떤 점에 유의해야 할까? 우리는 상대방의 칭찬에 왜 당황하거나 심지어 언짢은 걸까?

로체스터대 심리학과 교수 제니퍼 캐츠는 사람들이 어떤 칭찬에 호감을 느끼는지 알아보기 위해 흥미로운 실험을 했다. 성인 남녀 198명에게 짧은 자기소개서를 작성하게 하고 두 가지 유형의 칭찬을 들려주었다.

1. “그림을 좋아하신다니 멋지시네요!”
2. “정말 친절하고 좋으신 분 같아요!”

이 두 가지 유형 중 어떤 칭찬을 한 사람에게서 호감을 더 느꼈는지 알아보는 실험이었다. 결과는 첫 번째 칭찬이었다. 무려 30%나 많은 사람이 첫 번째 칭찬에 호감을 느꼈다고 답했다. 분명히 똑같이 듣기 좋은 말인데도 말이다. 참가자들이 첫 번째 칭찬에 호감을 더 느낀 것은 자신이 동의할 수 있는 점을 꼭 집어 칭찬해주었기 때문이다. 반면, 두 번째 칭찬은 듣기 좋은 말이지만 선뜻 동의하기 어려웠다. 즉, 칭찬의 본질은 첫 번째 칭찬처럼 듣는 사람이 인정하느냐에 달려 있다.

칭찬은 설득과도 맥이 닿아 있다. 그냥 “인상이 좋으시네요.”가 아니라 “웃는 모습이 아주 환하고 좋아요. 인상이 아주 좋으세요.”라고 칭찬하는 이유까지 설명해주면 설득력이 높아진다. 사람들은 자신이 알고 있는 자신의 모습을 상대방도 알아줄 때 마음이 움직인다. 심리학에서는 이것을 ‘자기 입증(Self Verification) 효과’라고 한다. 그러므로 진지하고 진정성 있게 칭찬하는 태도가 필요하다. 무엇보다 칭찬은 사실에 근거해야 한다. 사실에 근거하지 않은 칭찬은 아부이니 역효과만 낳을 뿐이다.

잠시 멈추어 서야 할 때

말은 생각한 다음에 하고 사람들이 듣기 싫어하기 전에 멈추어야 한다.
- 톨스토이

자극과 반응 사이에는 시간적 여유가 있다. 자극은 외부 환경과 타인이 내게 주는 자극이며 반응은 그 자극에 대한 자신의 행동이다. 자극에 즉각 반응하면 후회하는 경우가 종종 생긴다. 즉각적인 반응은 본능에 가깝고 강약 조절에 실패해 부적절하게 상대방을 다시 자극할 수 있다. 따라서 반응을 보일 때는 한 박자 늦추는 여유가 필요하다.

어느 날 늦은 오후, 도서관 한 모퉁이에서 초등학교 3학년쯤

되어 보이는 아이가 책을 읽고 있었다. 옆을 지나가다가 힐끗 쳐다보니 만화책이었다. 내용은 잘 모르겠지만 책을 읽는 아이의 표정이 꽤 진지하고 열심히 탐구하는 모습이었다. 그 아이의 진지함은 '흥미 위주의 가벼운 내용의 책'이라는, 만화책에 대한 내 편견까지 흔들어놓았다. '아이가 저렇게 진지하게 탐구할 정도라면 꽤 훌륭한 만화책일 것'이라는 막연한 신뢰감까지 생겼다. 집에 갈 시간이 되었는지 아이 옆으로 엄마가 다가오며 묻는다.

엄마: "영식아, 책 얼마나 읽었어?"
영식: "두 권째 읽고 있어!"
엄마: "두 권? 여태 그것밖에 못 읽었어?"
영식: "…." (침묵)
엄마: "세 권을 다 못 읽었단 말이야?"
영식: "…." (침묵)
엄마: "책 정리해. 집에 가자, 얼른!"

아이는 읽고 있던 책을 손에서 놓기 아쉬운지 책에서 눈을 떼지 못하고 아주 천천히 움직이기 시작했다. '두 권'밖에 못 읽었다는 아이의 대답에 엄마는 실망과 핀잔하는 반응을 보였고 엄마의 반응에 아이는 침묵했다. 집으로 돌아가는 아이의 뒷모습을 보며 생각했다. 책을 두 권이나 읽은 아이가 엄마의 칭찬은 커녕 핀잔을 듣고 침묵으로 일관한 것은 어떤 의미일까? 나는 그것이 엄마의 반응에 대한 서운함과 속상함의 표현이라는 생각이 들었다. 아이의 엄마는 그 침묵의 의미를 과연 이해했을까?

반응을 보일 때는 자극에 대해 내가 감정적으로 즉각 반응하는 것은 아닌지 생각해보아야 한다. 또는 상대방을 제압하기 위해 무조건 강하게 반응하거나 내 입장을 전달하기보다 무조건 상대방의 입장만 고려하는 것은 아닌지 고민해야 한다. 두 가지 모두 바람직한 반응이라고 할 수는 없다. 상대방의 입장도 배려하면서 자신의 의견을 충분히 어필하는 것이 좋다. 성숙한 사람이라면 짧은 순간에도 자극과 반응 사이에 생각의 공간을 두고 선택적으로 반응할 수 있어야 한다.

2019년 개봉한 〈알라딘〉은 멋진 영상미와 매력적인 캐릭터들이 돋보이며 큰 사랑을 받은 영화다. 알라딘이 램프의 먼지를 털고 부드럽게 문지르면 램프의 요정, 지니가 나타나 항상 하는 말이 있다. "뭐든지 말씀만 하세요, 주인님!" 지니는 3가지 소원만 들어준다고 말한다. 소원을 이루기 위한 첫 단계는 램프를 문지르는 것이다. 램프를 문질러야 지니가 나타나 소원을 들어줄 수 있다고 알려준다.

어떤 행동이나 말을 하려면 현재의 상황을 파악하고 생각 에너지를 모을 수 있도록 '잠시 멈춤'이 필요하다. 생각할 틈이 필요하다는 의미다. 다음 단계로 알라딘이 소원을 말하면 지니가 그 소원을 들어준다. 그런데 지니는 무조건 순수하게 그 소원을 들어줄까? 지니는 알라딘의 소원에 대해 간섭하고 확인하고 정말 필요한 것인지 따지기 시작한다.

"알라딘, 왜 왕자로 변하려는 거지?"

"공주와 결혼하기 위해서라면 왕자가 되는 방법도 있지만 법을 바꾸는 방법도 있는데…."

"겉모습은 내가 왕자로 바꾸어줄 수 있지만 네 내면은 그대로야."

"문 앞까지 오는 것은 지니가 해줄 수 있지만 문을 여는 것은 알라딘이 해야지."

이런 간섭 때문에 알라딘은 신중히 고민한 후 원하는 것을 말한다. 또 소원을 말한 후 뒤따르는 결과를 받아들여야 한다는 것을 깨닫는다. 램프 요정 지니는 소원을 들어주기 전에 알라딘이 생각을 정리하고 진정으로 원하는 것을 결정하도록 촉진하는 역할을 한다. 알라딘이 주도적으로 선택하고 책임질 수 있도록 조력자의 역할을 하는 것이다. 이것이 자극과 반응 사이에 잠깐의 틈을 두는 것이다.

스티븐 코비는 『성공하는 사람들의 7가지 습관』에서 후회하지 않는 대화의 공식을 다음과 같이 제시한다.

첫째, 자극이 들어오면 일단 멈춘다. 둘째, 자극이 내게 주는 의미와 그에 대한 반응을 생각한다. 마지막으로 생각한 반응 중 가장 바람직한 것을 선택한다. 그리고 자신이 주도적으로 선택한 반응은 다시 상대방의 반응으로 나타나므로 결과를 받아들여야 한다. 내가 선택한 반응은 상대방의 반응이라는 결과로 되돌아오기 때문이다. 이런 행동은 3단계를 거친다.

멈추기 ──▶ 생각하기 ──▶ 선택하기

아무리 과격하고 빠른 자극도 '잠시 멈춤' 공간을 얼마나 잘 만드느냐가 성공하는 사람들의 습관이다. 빅터 프랭클(Victor Frankl) 박사는『죽음의 수용소』에서 인간은 주어진 어떤 환경에서도 자신이 어떤 태도를 결정하고 어떤 길을 선택할 것인가를 결정할 자유가 있다고 말한다. 나의 외부 상황에 대해 나는 어떤 입장을 선택할 것인가? 나는 내 삶을 어떻게 만들어갈 것인가? 그 선택에는 나의 자유가 수반되어야 하며 그 선택에 따른 책임은 자신에게 있다.

엘리너 루스벨트(Eleanor Roosevelt)도 "당신의 동의 없이 아무도 당신에게 고통을 가하지 못한다."라고 말했고 마하트마 간디(Mahatma Gandhi)도 "우리가 주지 않는다면 그들은 절대로 자존(自尊)을 빼앗을 수 없다."라고 말했다. 주도적 삶이란 자신의 행동과 말을 스스로 선택하는 것이다. 선택의 결과는 자신이 책임지고 수용해야 한다. 성숙하고 책임감 있는 사람이 되기 위해서는 자극과 반응 사이에 반드시 생각할 틈을 만들고 반응함으로써 후회하지 않을 선택을 하는 것이 중요하다.

말이 곧 당신의 역사다

갈등은 관심과 애정의 강한 에너지다. 피하지 말고 즐겨라.
- 린다 민들

사람마다 성격이 다르고 대화 방식도 다양하다. 상대방을 배려하는 대화를 하는 사람도 있지만 하고 싶은 말을 해야만 직성이 풀리는 사람도 있다. 어떤 형태이든 대화에는 사람의 인격이 담겨 있다. 행복한 가정을 보면 가족 구성원들이 서로 배려하고 돕는다. 짜증 내지 않고 웃으며 대한다.

성숙한 조직문화는 구성원들의 태도에서 나타난다. 조직은 2명 이상이 모여 공동 목표를 달성하는 공동체이므로 조직이 목적을 달성하려면 구성원들의 협력이 필수적이다. 그래서 회사는 직원들이 상호협력할 수 있도록 다양한 노력을 기울인다. 조직은 성장 과정이 다른 사람들의 구성체이므로 각자의 경험과 개성을 바탕으로 조직이 원하는 결과를 얻으려면 더 많은 노력이 필요하다. 이때 필요한 노력 중 하나가 바로 '협력적 대화'다.

나는 타자기 세대다. 과거 취업의 필수 조건은 타자기 자격증이었다. 수동 타자기는 먹지에 글씨가 찍혀 나오므로 한 번 틀리면 수정하기 매우 어려웠다. 그런 수고가 있었지만 사무실 옆을 지날 때 들리는 경쾌한 타자기 소리는 듣는 사람의 기분까지 경쾌하게 만들었다. 수동 타자기를 사용한 지 몇 년 지나지 않아 1990년대부터 사무실에 컴퓨터가 등장하기 시작했다. 컴퓨터의 보급은 워드 기능에서 인터넷 기능으로 자연스럽게 연결되었고 내게 인터넷은 천지개벽의 경험이었다.

지금까지 내 일생에서 가장 충격적인 사건은 컴퓨터와 인터넷의 등장이다. 전 세계를 내 눈앞에 가져다주는 세상으로 바꿔놓은 것이 인터넷이었기 때문이다. 인터넷이 보급되기 전까지는 내가 필요한 것이 있으면 직접 발로 뛰며 정보나 물품을 구해야 했지만 인터넷이 보급된 후로는 한자리에 앉아서도 지구촌 곳곳에서 벌어지는 사건들을 조망할 수 있게 되었다. 그 후로 정보기

술은 더 급속히 발전해 지금은 인공지능시대로 접어들고 있다. 사회가 이렇게 빠르게 변하는 것처럼 이 시대를 살아가는 사람들도 환경 변화에 적응하기 위해 노력하고 있다. 하지만 인간의 진화 속도는 사회적 변화보다 한 발 느린 것 같다. 의사소통에서 과거나 현재나 별 차이가 없기 때문이다. 아니, 어쩌면 더 퇴화하고 있는지도 모른다. SNS가 발전해 전 세계적으로 네트워크가 형성되고 있지만 실제로 소통하는 사람들은 오히려 자신과 친분이 있거나 생각이 비슷한 사람들로 한정되고 있다. 이런 온라인 채팅방 형식의 소통 때문에 각 개인의 사고가 더 편협해질 수 있다는 불편한 진실이 숨어 있다.

한 중소기업에서 근무할 때의 일이다. 더 나은 회사 운영을 위해 직원들을 대상으로 불편 사항 건의를 요청했다. 건의 사항을 접수한 후 개선할 것은 개선하고 후속 조치가 필요한 것은 몇 가지 절차와 함께 내용을 공지했다. 그런데 이 공지 내용을 보고 한 직원이 자신은 너무 바빠 그 절차대로 일할 수 없다고 불만을 토로했다. 관련 팀원이 여러 명인데 유독 그 직원만 절차를 못 따르겠다고 한 것이다. 어떻게 바꾸면 좋겠느냐는 질문에 대답도 안 하고 무조건 절차대로 할 수 없다는 말만 할 뿐이었다.

다음 날 팀장 중 한 명이 또 다른 불만 사항을 토로했다. 조율 방법을 제시했지만 받아들일 의지도 없이 "절대로, 절대로 안 돼요."라며 완강히 거부했다. '저들은 왜 저렇게 반대하지? 공지 사항이 잘못되었나?'라는 생각에 다른 구성원들의 의견을 들었지만 다른 팀장들과 대부분의 팀원은 공지 사항에 만족한다고 대답했다. 그런데 왜 저들만 반대할까? 대안도 없이 무조건 반대만 하는데 저런 태도는 과연 옳은 것인가? 전체 조직의 균형에 맞는 의견인가? 억지 주장의 이면에 숨은 뜻이 있는 것은 아닌가? 나는 끊임없이 의문이 들었다. 자신의 주장만 고집하는 것은 대화의 걸림돌이다. 협력적인 대화를 어렵게 만든다.

협력적 대화란 무엇인가? 협력은 대화 당사자들의 성숙도에 달려 있다. 협력적 대화는 대화 당사자 모두 성숙해야만 가능하다. 자신은 성숙한데 상대방이 성숙하지 못하다면 협력적 대화는 불가능하다. 반대의 경우도 마찬가지다. 서로 원하는 것을 이루려면 상호협력하는 의사소통이 필요하다. 한쪽은 원하는 결과를 얻었는데 상대방은 원하는 결과를 얻지 못했다면 승패(Win-Lose)의 대화 방식이다. 승패 방식의 대화는 자신이 알고 있는 방식을 타인에게 강요하는 것이다. 이런 대화는 효과적인 의사소통이라고 할 수 없으며 공평하고 바람직한 대화 방식이 아니다. 또 이렇게 의사소통하는 사람들은 대부분 소유욕과 인정 욕구가 강하다. 일을 지나치게 주도하며 타인의 이야기를 수용하는 척하지만 사실 자신이 하고 싶은 대로 한다. 이미 결정해놓은 방식과 방향에 따라 양보가 없는 경향을 보인다. 승패(Win-Lose) 대화를 하는 사람의 특징은 제3자가 개선을 요구할 때 잘 받아들이지 않고 성격 탓으로 돌린다.

의사소통은 성격으로 하는 것이 아니다. 성격은 자신의 성찰과 노력으로 얼마든지 바꿀 수 있다. 반대로 협력적 의사소통이란 열린 마음으로 서로 원하는 것을 얻는 윈-윈(Win-Win) 대화 방식이다. 윈-윈 대화 방식은 상대방의 입장을 이해하고 상호 협력하는 태도가 요구된다. 이런 대화는 쉽지 않다. 윈-윈의 성숙한 대화를 하려면 먼저 시간을 갖고 자신의 마음을 들여다보아야 한다. 자신의 솔직한 마음의 모습과 행동 수준을 알아야 한다. 협력적이고 상대방의 마음을 움직이는 대화는 솔직함에서 비롯된다. 솔직한 마음을 표현하려면 용기가 필요하다. 이미선은 〈식스 센스〉에서 솔직함에 대해 이렇게 말한다. 사람을 끌어당기는 인간적인 느낌은 어디서 생기는 걸까? 아마도 '솔직함'일 것이다. 솔직함은 자신감에서 비롯된다. 또 솔직함은 겸손함에서 나온다. 자신감 없는 사람일수록 자신을 자꾸 감추려고 하고 겸손하지 않은 사람일수록 자신을 자꾸 드러내려고 애쓴다.

자, 이제 누구를 만나든 당당해지자. 누구를 만나든 솔직해

지자. 표현하는 것도 훈련이 필요하다. 말은 그 사람의 역사다. 생각의 역사, 정신의 역사, 인격의 역사다. 자신이 쏟아낸 말은 그대로 쌓여 복이 되거나 화가 된다. 윈-윈의 대화를 하기 위해 입을 열기 전 한 번 더 생각해보자.

행복을 가져다주는 말

대화의 기질은 자기 것을 많이 보여주기보다
다른 사람들의 기질을 많이 드러내게 하는 데 있다.
- 라 브뤼에르

인간은 혼자 살아가기 어렵다. 그리스 철학자 아리스토텔레스(Aristotle)는 인간은 개인으로 존재하지만 타인과 끊임없이 관계하며 살아간다면서 인간을 '사회적 동물(Social Animal)'로 표현했다. 관계란 타인과 상호작용하는 것이므로 사회성이 중요하다. 인간은 자신의 뜻과 의지만 주장하면서 살아갈 수는 없다. 자기중심적 태도가 강하면 소속 집단이나 사회로부터 소외당하고 고립될 가능성이 크다.

우리는 사회성을 기르기 위해 어릴 때부터 많은 교육과 훈련을 받는다. 유아기에는 부모로부터, 아동기와 청소년기에는 학교와 또래 집단으로부터 학습한다. 성인이 된 후에는 성숙한 인격체로서 그동안 습득한 사회성을 발휘한다. 이렇게 학습한 개별적 인간은 나름대로 꿈꾸는 삶을 추구한다. 한 개인으로, 공동체의 일원으로 행복하기 위해 노력한다. 그런데 현실에서는 상처받고 좌절하는 경우가 종종 있다.

그 이유는 무엇일까? 상처받고 좌절하는 사람들은 대부분 그 원인을 자신에게 돌리기보다 타인에게 떠넘기는 경우가 많다. 성장 과정이 불행해 현재의 삶이 불안정하다거나 사회의 불평등한 구조 때문이라고 말한다. 또 타인의 간섭과 몰이해를 탓한다. 이렇게 '내 탓'이 아닌 '남 탓'으로 돌려 문제가 해결된다면 핑곗거리를 잡아 탓해도 상관없다. 그럼에도 불구하고 문제가 해결되지 않는다면 문제의 원인을 자신에게서도 찾아보아야 한다. 그렇지 않으면 부모도 친구도 배우자도 자식도 종교도 정치도 모든 것이 원인이고 잘못이라고 생각하는 삶을 살게 된다.

행복을 추구하려면 자신이 중요하다. 남들이 사회가 구조가 정치가 나쁘다고 탓하며 스스로 상처받고 좌절한다면 그 삶의 주체는 내가 아닌 외부 요인이 된다. 내가 결정하고 내가 판단하고 내가 허락하는 삶을 사는 것이 중요하다. 차동엽 신부가 『무지개 원리』에서 주장했듯이 "내 허락 없이 아무것도 나를 불행하게 만들 수 없다!"라는 주체성을 갖는 것이 중요하다. 행복은 누군가가 만들어 주는 것이 아니라 스스로 만들어가는 축복이기 때문이다. 그렇다면 행복을 어떻게 추구할 것인가? 행복을 추구하기 위해서는 다음과 같은 진단과 처방이 필요하다.

첫째, '행복'이 무엇인지 명확히 진단해야 한다. '행복', '사랑', '만족'과 같은 단어들은 추상적 개념이다. 각자 생각하는 '행복'과 '사랑'의 정의는 모두 다르다. 누구는 '믿음'이라고 부르고 누구는 '약속'이라고 대답한다. 이처럼 추상적 개념을 구체적 단어로 적어보고 상대방과 소통해야 한다. 그래야만 행복이 허공에 '붕' 뜨지 않는다. 손에 잡힌 행복이 진정한 행복이다.

둘째, '행복'의 의미를 공유하려면 대화가 필요하다. 개개인은 성장 배경과 경험이 다르므로 특정 현상을 해석하는 방식과 결론도 제각각이다. '행복'의 의미를 공유할 필요가 있는 사이에는 그 의미에 대해 상대방과 소통해야 한다. 소통 창구는 대화이므로 올바른 대화는 행복으로 가는 지름길이다.

셋째, 행복을 거창하게 생각하지 말아야 한다. 행복은 소소한 밥상과 같다. 누군가 내놓는 갓 지은 밥과 따뜻한 음식은 상대방을 소중히 여긴다는 뜻이다.

우리 아버지는 작고 예쁜 접시에 먹을 만큼의 음식이 놓인 상차림을 좋아하셨다. 푸짐하기보다 정갈한 상차림을 존중받는 것으로 여기셨다. 그런데 어머니는 정갈하고 깔끔한 상차림보다 온 식구가 배불리 먹을 수 있는 상차림을 중시해 음식을 냄비 채 식탁에 올려놓고 푸짐하게 먹는 것을 좋아하셨다. 예쁜 접시에 적당량의 음식을 담는 아버지를 보며 어머니는 말씀하곤 하셨다. "어차피 뱃속에 들어가면 다 똑같은데 예쁜 그릇이 무슨 소용이에요? 그냥 냄비 채로 먹어요." 어머니는 작고 예쁜 접시 이야기를 들을 때마다 맛만 있으면 되지 무슨 타박이냐며 자신을 부려먹는다고 생각하셨다. 그래서 우리는 매일 마주하는 식탁에서 '불편한 행복'을 마주할 수밖에 없었다. 별로 대단한 일도 아니다. 아버지는 이왕 먹는 거 예쁘게 먹으면 좋겠고 어머니는 먹는 게 중요하지 상차림은 중요하지 않다는 생각이었다. 이처럼 작은 차이인데 그 차이를 평생 좁히지 못하셨다. 아버지가 "와! 오늘 맛있는데! 내일 내가 예쁜 그릇 하나 사다 줄 테니 거기에 담으면 일류 식당에서 먹는 것 같겠어."라고 한마디 했다면 어땠을까? 어머니가 "아이고, 잘 드시니 좋네요. 나도 예쁜 그릇을 좋아하는데 당신이 좋아하는 그릇이 어떤 건지 사 와봐요. 내가 거기에 담아 줄게요."라고 한마디만 했다면 식사 시간이 더 행복했을 텐데 말이다.

행복이란 생활에서 느끼는 만족과 흐뭇함이다. 즉, '정말 만족해.', '너무 기뻐.', '정말 좋고 흐뭇해.'라고 표현할 수 있다. '사랑한다.'라는 말은 '귀하고 소중하다.'로 바꾸어 말할 수 있다. 행복이란 이렇게 자신이 느끼는 추상적 단어를 구체적 단어로 표현하는 것이다. 행복해지려면 가만히 앉아 상대방이 행복한 표현을 해주길 기다리지 말고 대화를 함께 호흡하며 맞장구쳐 주는 노력이 필요하다. 당신의 소중한 사람들에게 행복을 가져다주는 말을 지금 당장 해보자. 행복은 생각보다 가까이 있다.

Chapter

2

어떻게
대화해야 할까?

모든 사람에게 가족은 매우 소중하다. 그런데 사람들은 가족이 소중하다고 말하면서도 실제로는 소중히 여기지 않는 경우가 많다. 아이들은 어머니에게 마구 짜증 낼 때가 많다. 아버지는 바빠 아이를 돌보는 데 소홀하고 어머니는 할 일이 많아 힘들다고 하소연이다. 서로 자기 입장만 말하고 자기 주장만 하느라 바쁘다. 가족이라는 이유만으로 감정적인 말을 거르지 않고 쏟아붓는 경우도 많다. 마음 내키는 대로 행동하고 불평을 늘어놓는다. 하지만 이런 상황이 일상화되면 점점 갈등이 쌓이고 결국 서로 입을 다물고 대화는 줄어든다. 물론 진짜 속마음은 가족이 미워서 그런 것은 아니리라. 다만 어떻게 표현할지 몰라 갈등이 커지는 것은 정말 안타깝다. 서로 소중히 여기는 본심과 달리 겉으로 드러나는 표현은 짜증과 불만이다. 그럴 때 대부분 가정에 불화와 다툼이 자주 일어난다.

몸짓으로 말하기

예절의 법칙을 제대로 모른 채 인격을 쌓는 것은 불가능하다.
- 공자

"삐익 삐익!" 연일 울어대는 폭염 경보, 8월의 무더위가 기승이다. 경보음에 놀라 책 한 권을 들고 즐겨 찾던 카페로 향했다. 동네 뒷길에 있어 늘 조용하던 카페가 오늘은 시끌벅적하다. 카페 옆 작은 도서관에서 초등학생 대상의 특강이 있는 날이다. 형과 누나들을 따라온 동생들은 카페 안을 여기저기 뛰어다니며 야단법석이다. 아이 엄마들은 이런 요란한 상황에도 아랑곳하지 않고 수다 삼매경이다.

"엄마! 과자 준다더니 왜 안 줘요? 언제 줄 거야?"

"이따가 사준다고 했잖아. 그냥 놀고 있어."

"엄마! 나 오빠랑 놀고 싶어."

"엄마 이야기하고 있잖아. 저기 가서 놀아."

"엄마! 나 쉬 마려워요."

"화장실 어딘지 알지? 빨리 갔다 와!"

아이들은 원하는 것들을 쉴 새 없이 말하고 엄마들은 자기네 대화에 집중하느라 아이들에게는 눈길도 안 보내고 건성으로 대답했다. 아이들은 점점 더 큰 소리로 떠들었고 엄마들은 서로의 이야기에 추임새를 넣어가며 한바탕 시끄러웠다. 카페는 마치 그들만을 위한 공간이 되어버렸다. 결국 카페 종업원이 나섰다. "손님, 다른 손님들도 계시니 조용히 해주시길 부탁드리겠습니다." 그러나 그 효과는 폭포수에 작은 돌멩이 하나 던진 것만도 못하게 그들의 수다에 묻히고 말았다. "저기요! 좀 조용히 해주시면 안 될까요?" 이번에는 창가에서 조용히 책을 읽던 남자 손님이 말했지만 그 효과도 채 5분을 넘기지 못했다. 한참 불편한 표정을 짓던 남자 손님은 짐을 챙겨 카페를 나가버렸다. 이제 말릴 사람도, 주의 줄 사람도 사라진 상황에서 그녀들은 더 소리 높여 떠들어댔다. 얼마 전 '아이를 동반한 손님은 환영하지 않는다.'라는 문구를 내걸고 운영하는 카페가 늘고 있다는 기사를 읽었는데 아마도 이런 상황 때문일 것이다.

얼마나 지났을까? 특강이 끝나고 아이들이 우르르 나오면서 카페는 다시 시장통으로 변했다. 엄마들은 '벌써 특강이 끝났네. 한창 재미있었는데.'라는 표정을 지으며 아이들을 데리고 하나둘 빠져나가기 시작했다. 카페는 다시 조용해졌다. 그런데 조금 전까지 가장 많이 떠들고 뛰어다니던 한 아이가 카페 주인을 향해 큰 소리로 "안녕히 계세요."라고 인사하는 것이 아닌가? 그러자 엄마는 인사하는 아이가 대견한 듯 뿌듯한 목소리로 아이의 머리를 쓰다듬으며 크게 말했다. "아이고, 예의도 바르지." '아니, 이게 무슨 상황이지?' 그 아이는 불과 5분 전까지만 해도 여기저기 뛰어다니며 큰 소란을 피웠는데 마지막에 건넨 인사 한 번으로 예의 바른 것으로 정리되는 듯했다. 나는 잠시 멍해졌다. 도대체 이 엄마가 생각하는 예의는 무엇일까? 예의(禮儀)는 다른 사람에 대한 존경의 표시다. 예의는 타인을 배려하는 마음가짐에서 출발하고 상대방에게 마땅히 지켜야 하는 말투나 몸가짐을 뜻한다. 원만한 관계를 유지하면서 이루어지는 상호호혜적인 소통을 의미하는 것이다.

어른들은 아이들에게 행동과 말로 예의를 가르친다. 아이가 장난감을 두 손으로 받도록 공손한 태도를 지도하고 장난감을 받으면 감사의 인사를 하도록 가르친다. 아이가 예의를 잘 배우면 칭찬과 격려를 잊지 않으면서 예의를 전수한다. 그 밖에도 어른은 다양한 상황에서 아이에게 그때그때 적절한 예의를 갖추도록 가르쳐야 한다.

"어른을 보면 가까이 다가가 바른 자세로 인사해요."
"교통질서를 잘 지켜야 해요."
"공공장소에서는 뛰거나 떠들지 않아요."
"선물을 받았을 때는 감사 인사를 해요."

어른들의 이런 훈육을 들으며 자라는 아이들은 옹알이 때부터 초등학교 때까지 평생 지켜야 할 예의범절을 배운다. 아이들을 바르게 기르려면 우선 예의부터 가르쳐야 한다. 예의를 배운 후 학문을 배운다는 '선례후학(先禮後學)'의 가르침이 있다. 예의가 우선이고 중요하다는 말이다. 올바른 예의는 부모의 관심과 올바른 교육에서 시작된다.

인간은 필연적으로 타인과 상호작용하며 살아간다. 사회생활에서 질서와 규범을 강조하고 상호 예의와 바른 태도를 중시하는 이유가 여기에 있다. 사회인이 되기 위해서는 반드시 적절한 관계를 맺는 능력이 있어야 한다. 혼자 살아간다면 예의를 갖

출 필요가 없다. 예의는 사람 사이의 상호작용에서 필요하기 때문이다. 예의 바른 태도는 인간관계를 가까워지게 하거나 멀어지게 할 수 있다.

예의 없는 사람을 보고 "버릇이 없다."라고 한다. 버릇은 여러 번 되풀이해 저절로 익숙해지고 굳어진 행동으로 '버릇이 없다.'라는 말은 부정적인 의미로 사용된다. 몸에 밴 버릇은 좀처럼 고치기 어렵다. "세 살 버릇 여든까지 간다"라는 속담도 있지 않은가. 그러니 어릴 때 나쁜 버릇이 들지 않도록 주의해야 한다. 기성세대는 젊은 세대를 보며 "요즘 젊은이들은 참 버릇이 없다."라며 한탄하는 경우가 많다. 물론 젊은이들이 버릇이 없다는 말은 동서고금을 막론하고 존재해왔다. 하물며 스페인의 고대 알타미라 동굴(Cueva de Altamira) 벽화에도 수많은 그림과 글자 문양이 새겨져 있는데 해석해보니 '요즘 애들은 버릇이 없다.'라는 뜻이었다. 기성세대가 젊은 세대를 볼 때는 항상 버릇없어 보이는 모양이다. 하지만 태어나면서부터 무례한 아이는 없다. 가장 천사다운 모습은 '갓난 아이'라고 한다. 아이들이 버릇이 없어지는 것은 또래의 영향도 있지만 대부분 어른의 잘못이다.

인간은 태어나면서 자신에게 중요하다고 생각하는 사람들과 관계를 형성하고 닮아간다. 아이에게 가장 의미 있고 중요한 사람인 부모는 아이에게 절대적인 영향을 미친다. 그러니 어릴 때부터 올바른 예의를 익히도록 관심을 가져야 한다. 더구나 요즘 같이 아이를 한두 명만 낳는 핵가족 시대에는 예절 교육이 더욱 중요하다. 아이의 성품과 바른 성장에 영향을 미치는 부모는 아이들의 예의와 버릇에 대해 신중히 생각하고 돌아보아야 한다.

따뜻한 말 한마디

세상에서 지극히 훌륭하고 아름다운 것들은 볼 수도 만질 수도 없다.
오직 가슴으로만 느낄 수 있을 뿐이다.
- 헬렌 켈러

1997년 IMF 경제위기는 우리 사회 전체를 뒤흔들었다. 당시 수많은 가장이 길거리로 내몰렸다. 가부장적 성격이 강한 우리나라 아버지들은 실직한 사실을 가족에게 숨기고 거리를 전전하다가 양복을 입은 채 노숙자가 되는 경우도 허다했다. 온 국민의 감동적인 '금 모으기 운동'은 연일 매스컴에 보도되었다. 결혼 예물, 장롱 깊이 넣어둔 금을 들고 끝이 안 보일 정도로 늘어선 모습은 세계적인 뉴스거리였다. 이렇게 한창 어려웠던 1990

년대 말의 이야기다. 아무리 힘들고 어려운 상황에서도 진심 어린 태도와 따뜻한 마음은 감동을 줄 수 있다는 소중한 경험을 한 적이 있다. 유창한 말보다 진심으로 전하는 음료수 한 박스는 무엇과도 비교할 수 없는 대화가 될 수 있다.

당시 IMF 경제위기로 사회복지 분야에서도 큰 변화가 일어났다. 정부는 겨울이 다가오자 실직자들이 길거리에서 지내지 않도록 서둘러 노숙인 쉼터를 마련하기 시작했다. 노숙인 쉼터를 마련해야 하는 복지 현장에서는 어려움이 많았다. 주민들은 노숙인 쉼터가 생긴다는 소식을 어떻게 알았는지 주변 인식이 안 좋아지고 위험하다는 이유로 '결사 반대' 현수막을 내걸고 시위를 벌이는 '님비' 현상이 극심했다. 그래서 정부가 쉼터를 마련할 장소를 구하는 것은 여간 어렵지 않았다. 심지어 쉼터 계약이 성사되더라도 주민들의 반대로 결국 파기되는 경우도 왕왕 발생했다. 결국 불가피하게 지역 사회복지관을 숙식이 가능한 공간으로 개·보수해 생활할 수 있는 쉼터를 마련하기도 했다. 내가 근무하던 복지관도 그랬다.

나는 노숙인 지원사업 담당자들과 함께 새벽녘까지 노숙인이 많이 모인 곳을 찾아다니며 쉼터에서 따뜻하게 지낼 것을 권했다. 자정이 되면 서소문역 광장의 무료 급식소에는 노숙인이 많이 몰렸다. 하지만 입소를 희망하는 노숙인은 생각보다 많지 않았다. 아마도 그동안 겪은 여러 어려움과 불신, 냉대 등으로 인한 복잡한 심경 때문인 것 같았다. 그럼에도 불구하고 노숙인들이 추운 겨울을 길거리에서 보내게 할 수는 없어 나는 직원들과 함께 몇 개월 동안 서소문역 광장을 다니며 20명의 쉼터 회원을 모집했다.

노숙인에게서는 특유의 냄새가 난다. 그래서 쉼터에 오면 맨 먼저 샤워부터 하고 새 옷으로 갈아입은 후 따뜻한 식사를 하는 것으로 쉼터 생활이 시작된다. 이후에는 정부에서 지원하는 일자리 사업에 참여시켜 가정으로 돌아가거나 자립하도록 지원한다. 대부분의 회원들은 열심히 일하면서 기술도 배우고 저축해 가정으로 돌아간다. 이런 회원이 많을수록 그동안 애쓴 보람과 자부심을 느끼게 된다. 그런데 쉼터에서 단체생활을 하다 보면 회원들 사이에 다툼이 끊이지 않았다. 아주 사소한 일로 다투었다. 잠시 TV 채널을 틀거나 조금이라도 볼륨이 크거나 작아도 큰 소란이 일어났다. TV를 보고 있는데 누군가 그 앞을 지나가면 화면을 가렸다고 불같이 화를 내기도 했다. 지나가다가 몸을 살짝만 건드리거나 스쳐도 통제되지 않을 만큼 분노를 폭발시켰다. 누가 보더라도 상대방에 대한 이해심이나 배려는 눈곱만큼도 없었다.

도대체 사소한 일에도 왜 이렇게 불같이 화를 낼까? IMF 경제위기를 겪으며 과거의 영광이 하루아침에 무너진, 믿을 수 없는 현실에 분노가 치밀 것이다. 하지만 진정된 상태에서 대화해 보면 대부분 회원들은 자신의 불행했던 어린 시절을 털어놓았다. 그들 중 많은 이들이 지금까지 살아오면서 충분한 사랑을 받거나 행복했던 경험이 없었다고 했다. 가족에 대한 원망과 분노가 크고 어디에도 속하지 못한 외톨이처럼 끝없는 외로움을 느낀다는 것이다. 더구나 앞날의 희망이 보이지 않으니 삶은 거칠 대로 거칠어졌고 분노 조절이 안 되는 상태였다.

이런 어수선한 분위기의 쉼터 생활이 근근이 이어지던 어느 날이었다. 나는 쉼터 회원 중 한 분이 입원했다는 소식을 듣고 음료수 한 상자를 사 들고 시립 동부병원을 방문했다. 그런데 입원자 기록에 우리 회원이 없길래 여기저기 수소문해 보니 응급실에 있다는 것이었다. 입원한 지 며칠이 지났는데도 아직도 응급실 신세였다. 너무 늦게 문병 온 것이 미안해 응급실로 달려갔다. 그런데 아무리 둘러봐도 회원을 찾을 수 없었다.

다시 안내실로 돌아가 우리 회원이 응급실에 있는지 재확인하고 구석진 곳으로 시선을 돌리는 순간 누군가 누워 있는 모습이 보였다. '혹시' 하는 생각에 가까이 가 보니 아니나 다를까 그가 그곳에 외롭게 누워 있었다. 우리 회원이 왜 이런 곳에 혼자 있냐고 응급실에 따졌더니 그곳은 무연고자 대기 장소라는 대답이 돌아왔다. 그래서 우리 회원은 입원자 명단에도 이름이 없었던 것이다. 그는 사회에서도 버림받고 가족에게도 돌아가지 못한 채 연고자 하나 없는 그 구석진 곳에 서럽게 방치되어 있던 것이다. '사람이 혼자가 되면 이렇게까지 존재감이 없어지는구나. 이렇게 아픈데도 찾아오는 사람 하나 없이 여전히 혼자구나.'라는 생각에 슬프고 마음이 무거워져 그의 손을 잡고 한참 동안 마음이 짠해 있었다.

그 사건 며칠 후 회원들이 우리 복지관 쉼터의 운영 방식에 불만이 있다며 거칠게 항의하는 소동이 벌어졌다. 회원들은 쉼터의 생활 규칙이 너무 빡빡하니 융통성 있게 운영해줄 것을 요구했다. 우리 복지관 담당자들과 회원들은 쉼터 운영 방식을 논의했지만 의견은 좁혀지지 않고 해결은 요원했다. 회원들의 거친 항의가 계속된다는 소리를 듣고 회의장으로 내려가 보니 회원들이 험악한 표정으로 소리지르며 요구 사항을 말하고 있었다. 내가 대책을 말하고 중재에 나섰지만 회원들의 태도에는 한 치의 양보도 없었다. 노사협상과 같은 팽팽한 대립이 계속되다가 잠시 휴식 시간을 가졌다. 특별한 대책 없이 내가 멍하니 한쪽에 앉아 있는데 일부 회원들이 입원한 회원의 안부를 물으며 관심을 보였다. 그리고 회원 중 한 명이 내가 병문안 간 것을 어떻게 알았는지 감사드린다며 인사를 건네왔다.

"부장님께서 갑태 씨(가명) 입원한 데 다녀오셨다면서요?"

"가족이 아픈데 병문안 가는 건 당연하죠. 우리는 한 가족인 걸요. 가 보니 혼자 계시더라고요. 몇 날 며칠을 말이에요. 정말 가슴 아프고 짠했어요."

이렇게 대답하니 회원들은 "우리 같은 사람들은 지금까지 아플 때 병문안 와준 사람이 아무도 없었다."라며 모두 자기 일처럼 고마워했다. 그리고 휴식 시간에 나눈 잠깐의 이 대화는 마법과 같은 결과를 가져왔다. 경직되었던 항의가 한순간 따뜻한 가족애로 바뀐 것이다.

'가족'이라는 말 한마디에 사나웠던 그들의 눈빛이 부드러워졌다. 그들도 쉼터 운영의 어려운 사정을 잘 안다며 그들 스스로 규칙을 정하고 잘 지켜 단체생활의 모범을 보여 주겠다고 했다. 한순간에 우리는 정말 한 가족처럼 느껴졌다. 가족의 정이 서럽도록 그리웠던 그들에게 나의 행동과 따뜻한 말 한마디가 감동을 준 것이다. 가족은 찾아오지 않거나 돌아설 때는 지독한 외로움을 느끼게 하지만 조금이라도 마음을 열고 진정으로 대하면 그 무엇보다 강한 존재다. 남남인 쉼터 회원들조차 '가족'이라는 말 한마디에 이렇게 감동하는데 진짜 가족은 더 진한 가족애를 나눌 수 있지 않겠는가? 혹시 가족 간에 서운한 마음으로 소원한 상태라면 하루빨리 마음을 열고 진정으로 대화하는 시간을 가져 보자.

아저씨의 그림자

사람은 단순하게 말하고 복잡하게 생각해야지 그 반대가 되면 곤란하다.
- 프란츠 슈트라우스

내가 사회복지사로서 처음 만난 대상자 인연은 서경주 아저씨다. 60대 초반인 아저씨가 사는 집은 작은 손수레였다. 아저씨는 동사무소(현재의 주민센터) 뒤편의 작은 공터에서 손수레를 개조해 그곳에서 생활했다. 손수레에 합판을 덮어 비와 바람을 피하게 만들고 추위를 피할 몇 개의 담요와 휴대용 가스버너, 약간의 음식과 물통 등을 그 안에 갖춘 세간살이가 전부였다. 누우면 옴싹달싹 못할 좁은 공간이지만 아저씨는 가족도 없으니 집은 필요없다고 했다. 어차피 노숙 생활에 익숙하니 생활하기는 괜찮다고 했다.

아저씨와의 첫 만남 이후 나는 아저씨의 손수레 생활이 마음에 걸렸다. 아저씨가 더 위생적이고 편안한 환경에서 생활하기를 바라는 마음에서 손수레 집 말고 조그만 집을 마련해주자고 끊임없이 설득하고 상담했다. 결국 아저씨는 월세를 마련했다. 그 다음에는 다시 똑같은 과정을 거쳐 전세로 집을 옮겼다. 아저씨를 도와줄 후원자도 찾아 나서고 정부 융자도 받고 아저씨가 일해 번 소득과 정부 지원 생계비 등을 저축해 작은 지하방을 마련하는 데 족히 1년 넘게 걸렸다.

아저씨는 무척 거칠고 고집불통이다. 세상에서 자신이 가장 불행하다고 생각했고 누구보다 최우선으로 돌봄을 받아야 한다고 주장했다. 삶의 희망을 찾지 못한 채 날마다 외로워하며 술을 마셨다. 아저씨가 맑은 정신으로 나를 찾는 날은 별로 없었다. 처음에는 술을 마시지 말라고 말렸지만 나중에는 그마저도 말할 수 없었다. 술이 아저씨의 삶을 지탱해 주는 유일한 도구였기 때문이다. 아저씨는 한쪽 다리가 의족이다.

아저씨는 젊은 시절 남부럽지 않은 선주였다. 신혼 때 아내와 함께 출항했다가 어선 전복사고로 아내와 선원들을 모두 잃고 자신은 한쪽 다리를 절단해야만 했다. 아저씨는 지금도 여자가 배를 타서 사고가 났다고 생각한다. 그래서 여자를 싫어한다. 아저씨는 나를 부를 때 "어이!"라고 불렀다. 사회복지 분야 직원들의 호칭은 대부분 '선생님'이다. 복지관을 이용하는 어르신들은 자식뻘인 직원에게 선생님이라고 부르기 껄끄러우니 그냥 '담당'이라고 부른다. "내 담당 어디 있어?", "내 담당 좀 불러줘."라고 말이다. 나는 어린 마음에 "어이!"라는 호칭이 너무 싫었지만 아저씨는 나를 항상 그렇게 불렀다. 아마도 과거의 어선 전복사고 이후 여자에 대한 부정적인 생각 때문인지도 모르겠다.

어느 날 직원 한 명이 다급히 나를 찾아왔다. "1층 로비에 가 보셔야 될 거 같아요. 서경주 아저씨가 오셨어요." 아저씨는 만취 상태로 로비 한복판 바닥에 누워 "어이, 어이! 나 왔어."를 외치고 있었다. 잠시 잠들었다가 깨면 "어이, 어이! 어디 있어?"라며 나를 불렀다. 직원 몇 명이 바닥에 누운 아저씨를 집으로 겨우 모셔다드렸는데 아저씨는 집에서 잠깐 한숨 자고 나와 다시 복지관 로비 의자에 누워 "어이, 어이! 나 왔어."라고 소리를 높였다. 그 날은 하루 내내 "어이, 어이!" 소리가 복지관 로비에 끊이지 않았다. 나는 그 소리가 아저씨가 외롭다고 외치는 소리 같았다.

나는 30년 동안 사회복지 분야에 종사하면서 수많은 경험을 했다. 그중 지역 사회복지관은 지역주민의 복지증진 사업을 수행하므로 주민을 직접 만나 상담하고 원하는 서비스를 찾아주는 실무가 대부분이다. 주민들에게 필요한 것을 제공하기 위한 자원 개발과 연계 활동을 비롯해 개인과 가족, 지역사회의 복지 증진과 삶의 질 향상을 위해 다양한 역할을 수행한다.

종합사회복지관은 아동, 청소년, 여성, 장애인, 노인에 이르기까지 광범위한 대상에게 다양한 프로그램을 진행한다. 복지관을 찾아오시는 분들은 일반 주민을 포함해 소외계층이 대부분이고 거동이 불편한 장애인이나 노인분은 사회복지사가 집으로 직접 방문해 상담한다. 사회복지사는 보통 100~150명 대상자의 사례를 관리하는데 나는 일반 행정업무를 겸해 80여 명을 담당했다. 대상자 중에는 문제가 다양하고 복잡하게 얽혀 있어 종합적인 서비스를 제공해야 하는 집중 대상자들도 있다. 이런 집중 대상자의 사례를 관리할 때는 하루 업무를 모두 접고 한 대상자에게만 집중하는 경우가 대부분이다. 서경주 아저씨도 내가 맡은 집중 대상자였다. 지금은 주 52시간 근무제로 야근도 어려워졌다. 한창 열정적으로 일하던 시절 야근은 일상사였다. 근무시간 중에는 직원들의 업무를 살펴주고 대상자 상담도 해야 했다. 계획된 가정 방문을 마치고 사무실로 돌아오면 자리를 비운 시간만큼 처리할 일들이 책상 위에 쌓여 있었다.

야근하기로 작정한 어느 날이었다. 김밥 한 줄, 과자, 커피를 옆에 놓고 쌓인 서류들과 상담 기록을 정리하고 있었다. 우리 복지관이 있는 지역은 단독주택과 연립주택 밀집지역으로 비교적 조용한 동네에 속했다. 바로 그날 늦은 밤 소란스러운 소리가 났다. 누군가 소리를 지르다가 뭐라고 중얼거리다가 이어서 노래를 부르다가 조용해졌다. 얼마 지나 또 노래를 부르다가 소리를 지르다가 알 수 없는 소리로 중얼거리다가 조용해졌다. 그 소리는 계속 반복되었다. 누가 이렇게 시끄러운지 궁금해졌다.

한편으로는 야근이 끝나면 저 길을 지나가야 하는데 무사히 갈 수 있을까 두려운 마음이 들기도 했다. 차마 밖으로 나가지 못하고 창문을 열고 아래를 내려다보았다. 저 멀리 중년 사내의 실루엣이 보였다. 그는 한 손에 소주병을 든 채 비틀거리며 걷고 있었다. 노래하다가 문득 멈추고 중얼거렸다. 그 목소리를 자세히 들어보니 어쩐지 귀에 익었다. 게다가 걷는 모습도 눈에 익숙했다. 서경주 아저씨였다. 그의 반복적인 중얼거림은 야근하는 내내 들려왔다. 아저씨는 내가 야근하는 것을 마치 아는 것처럼 복지관 주변을 밤늦게까지 맴돌며 무겁게 걷고 있었다. 나는 야근하는 내내 아저씨의 외로움과 가족에 대한 절절한 그리움을 들을 수 있었다.

다음 날 아저씨는 남자아이를 입양하고 싶다며 나를 찾아 왔다. 아저씨는 너무 외로워 누구라도 곁에 있어야 할 것 같다며 아이를 꼭 입양하게 도와달라고 내게 부탁했다. 입양기관에 알아봤지만 아저씨는 아이를 맡아 입양할 자격 요건이 안 된다는 것을 알고 몹시 슬퍼했다. 겨울에 기름값을 아끼느라 보일러를 사용하지 않아 아저씨 집 안은 항상 냉골이었다. 그 냉골만큼 외롭고 차가운 아저씨의 마음이 왜 이리 무겁게 느껴지던지. 아저씨는 요리도 하지 않았다. 덕분에 복지관에서 설치해준 가스레인지는 무용지물이었다. 아저씨의 요리는 추운 날 휴대용 가스레인지를 방바닥에 놓고 라면 하나 끓여 먹는 것이 전부였다.

그러던 어느 날 아저씨는 휴대용 가스레인지에 냄비를 올려놓고 가스 불을 켜놓은 채 잠이 들었다. 아저씨는 만취 상태였고 가스 불이 이불에 옮겨붙어 결국 화재가 나고 말았다. 다행히 아저씨는 무사했지만 모든 세간살이가 불타버려 남은 것이 없었다. 무엇이 아저씨를 이렇게 무겁고 슬프게 만들었을까? 아저씨는 왜 늦은 밤까지 잠들지 못하고 술에 취해 복지관 주위를 배회했을까? 왜 만취 상태로 가스 불 하나 관리하지 못하고 온 집안을 다 태우고 말았을까? 왜 그렇게 가족을 애타게 그리워했을까? 그날 밤 서경주 아저씨 집의 화재 사고는 가족의 소중함을 다시 생각하게 했다.

김장하는 날

행복이란 있는 그대로의 모습으로 사랑받는 것이다.
- 피터 첼섬, 『꾸뻬 씨의 행복 여행』 중에서

김장하는 날은 축제 날이다. 내가 어릴 때 살던 집에는 조그마한 마당이 있어서 김장하는 날이면 김칫독을 정원 한쪽에 묻어 보관했다. 덕분에 겨우내 맛있는 김치와 달콤한 동치미를 실컷 먹을 수 있었다. 그때의 추억 때문일까? 지금도 우리 집은 김장하는 날에는 온 가족이 모여 잔치를 벌인다.

김장하는 날은 어머니가 대장이다. 어머니는 다듬은 배추를 소금물에 절인 후 다음 날 새벽에 건져내 물기를 뺀다. 다른 가족들은 저녁부터 둘러앉아 무, 갓, 파, 마늘, 양파 등 온갖 채소를 적당한 크기로 채를 썬다. 고춧가루와 각종 양념을 넣어 버무려 김장 속을 만들 준비를 한다. 각종 야채와 양념을 넣은 김장 속 버무리기는 힘이 가장 많이 들어 아버지가 직접 나서신다. 아버지는 양손에 빨간 고무장갑을 끼고 힘차게 속을 버무리며 자식들에게 가장의 위엄을 보인다. 그동안 자식들은 옆에 서서 노익장을 과시하는 아버지를 도와 이것저것 잔심부름을 한다.

그런데 어느 날부터인가 아버지는 연세 때문인지 김장할 때 부쩍 힘에 부치는 모습이었다. 그때부터 장남인 오빠가 그 권위를 이어받아 김장 속을 만들었다. 김장 양념을 버무리는 동안 어머니와 나는 풀과 야채수를 만든다. 김치와 함께 먹을 수육을 준비하고 생굴을 깨끗이 씻어 김장 김치와 함께 먹을 수 있도록 준비한다. 모든 준비가 끝나면 잠시 시간을 내 소금에 적당히 절어 숨이 죽은 배춧잎을 가져와 속과 함께 먹으며 김장 준비 상태를 점검한다.

"간은 어때?"
"와! 맛있어!"
"음, 좀 짜다."
"아냐, 괜찮아! 김장은 좀 짜야 해."

"좀 싱거운 거 같은데! 여보, 고춧가루 좀 더 넣어야겠어요."

"엄마, 나 좀 더 줘봐. 아이고 매워! 헥헥!"

이처럼 평가가 제각각이니 누구의 말이 맞는지 알 수 없는 노릇이다. 각자 김장 평가를 할 뿐이다. 그래도 김장하는 우리 집에는 한바탕 웃음이 끊이지 않는다. 지금은 김장을 거실에서 하지만 전에는 마당에서 했다. 아버지는 아침 일찍부터 춥지 않게 난로를 피우셨다. 난로 위에는 보리차를 얹어 뜨거운 물을 마실 수 있도록 준비하셨다. 절인 배추에서 물기가 빠지면 배추 꼭지를 따는 것도 아버지 담당이었다. 꼭지를 따낸 배추를 막내가 어머니와 오빠에게 넘기면 김장 속이 채워진다. 완성된 김치를 아버지에게 전달하는 것은 내 몫이었다. 아버지는 김칫독에 김치를 차곡차곡 쌓으셨는데 꼼꼼한 성격의 아버지는 우리 집에서 김칫독에 김치를 가장 효율적으로 쟁여 넣으셨다.

김장이 거의 끝나가면 우리 남매는 가까운 이웃에게 김장을 배달했다. 앞집 복덕방 할아버지에게 김장 김치를 전해 드리며 "할아버지, 우리 엄마가 갖다 드리래요. 맛있게 드세요."라고 말했다. 우리 남매는 아버지와 어머니의 지휘에 따라 마치 전문 배달업체 직원처럼 신속하고 친절하게 이웃에게 김치를 배달했다. 그리고 우리 가족도 난로 옆에 둘러앉아 김장 김치와 수육을 먹으며 서로 수고했다고 토닥여 주었다.

“아버지, 고생하셨어요. 역시 김장독 주인은 아버지라니까요.”

“엄마도 고생했어요. 새벽부터 배추 물 빼느라 잠도 못 잤겠네.”

“야, 나는 고생 안 했냐? 나도 김장 속 넣느라 고생했어.”

“아휴 그랬어? 그래, 오빠가 고생이 많았네.”

“막내야, 너도 고생했다.”

“얘, 우리 딸내미는 왜 빼는 거야? 이것저것 뒤치다꺼리는 딸내미가 다 했어.”

이렇게 한바탕 공치사가 끝나면 김장독을 잘 정리해 뚜껑을 덮고 마당을 깨끗이 물청소하면서 김장이 마무리된다. 김장이 끝나면 부모님은 항상 마음이 든든하다고 하셨다. 그리고 맨 마지막에는 하루의 피로도 풀 겸 온 식구가 동네 목욕탕으로 향했다. 그렇게 김장 잔치는 끝이 난다.

내가 근무하던 복지관에서도 김장을 했다. 복지관에서 하는 김장은 경제적으로 어려워 김장을 못 하시는 분들께 겨우내 잘 보내시라고 겨울 반찬으로 나눠 드리기 위해서다. 복지관에서는 대량으로 김장을 하므로 자원봉사자들과 함께 하거나 김장 전문업체에 주문하기도 한다. 푸짐하게 만들어진 김치는 독거 노인이나 아이들이 많은 한부모 가정, 장애인 가정 등 필요한 곳에 적당량으로 나눠 배달한다. 내가 있던 복지관에서는 매년 김장을 했다. 김장하는 날이면 전 직원이 매달릴 정도였다. 그만큼 김장은 연중 최대행사였다. 전 직원이 다 함께 준비해도 여간 벅찬 일이 아니었다.

유난히 추웠던 어느 해 겨울, 여느 해와 달리 그해 김장은 전문업체에 주문하기로 했다. 그런데 일복이 많았는지 모 기업에서 배추 1,500포기를 후원하겠다고 연락이 왔다. '이를 어쩌나?' 후원자의 선의를 거절하기 조심스러웠다. 그렇다고 그 많은 양을 감당하기에는 여간 부담스럽지 않았다. 매년 하던 김장보다 갑절이나 많은 양의 배추를 후원받게 생겼으니 준비할 것도 두 배나 많아질 것은 뻔했다. 후원을 받을 것이냐, 말 것이냐를 회의한 결과, 기부자의 좋은 뜻을 받기로 했다. 그리고 도움을 줄 수 있는 자원봉사자들에게 연락하기 시작했다. 1,500포기 김장은 자원봉사자의 도움 없이는 불가능한 일이다.

드디어 김장 날이 되었다. 거대한 컨테이너 트럭이 도착했다. 트럭 안에는 어제 뽑았다는 배추 1,500포기가 실려 있었다. 단순히 숫자로만 듣던 배추 1,500포기는 실제로 받아 보니 상상 이상이었다. 이른 아침부터 전 직원이 앞치마와 장갑으로 무장하고 복지관 마당에 배추를 한가득 옮겨 쌓았다. 정말 산더미가 따로 없었다. 이렇게 내려진 배추를 자원봉사자들이 다듬고 씻고 큰 비닐랩에 넣어 소금물에 절였다. 힘센 남자 직원이 몇 시간마다 자신의 몸집보다 훨씬 큰 비닐랩을 이리저리 굴리면서 밤새 배추를 절였다. 주방에서는 조리사의 진두지휘 아래 김장 속을 만드느라 분주했다. 이렇게 기본 준비를 마치고 다음 날 오전에는 모두 모여 배추에 속을 넣고 완성된 김장을 오후부터 배달했다. 김치는 배달하는 가정에 따라 무게를 다르게 포장했다. 포장이 끝나자 김장 김치를 나눠 드린다는 공지를 발표했다. 공지 사항을 전해 들은 어르신이나 복지관 가까이 사는 한부모 가정 가족들은 복지관에 직접 찾아와 김치를 받아갔다.

김장 김치를 받으러 오시는 분들의 얼굴에 행복한 미소가 엿보였다. 아이들도 엄마 손을 잡고 김치맛을 보러 복지관에 왔다. 복지관에 못 오시는 어르신이나 장애인 가정은 직원들이 직접 방문해 전달했다. 받는 것보다 나눠주는 것이 더 행복하다고 했던가? 힘들 텐데 모두 기뻐하며 나누었다. 김장 김치를 받는 사람도, 김장하느라 힘들었던 자원봉사자와 복지관 직원들도 모두 보람을 느끼며 감사를 나누는 시간이었다.

어릴 때 우리 집에서 김장할 때도 그랬지만 김장하는 동안 복지관 마당은 하루 종일 웃음소리가 끊이지 않았다. 김장하다가 휴식 겸 함께 나누는 계피차의 진한 향기도 모두의 마음을 따뜻하게 했다. 김장 봉사는 누구나 참여할 수 있다. 개인은 물론 부녀회, 인근 교회, 성당에서도 찾아와 주셨다. 김장을 준비해 서로 나누며 함께 한 웃음소리는 우리 동네의 건강한 소통 소리다. 김장은 몸이 매우 힘들지만 마음만은 서로 소통하는 동네 잔칫날이 된다.

매우 특별한 대화

말 한마디로 상황을 바꿀 수 있는 일이 많은데도 그 말을 하지 않을 때가 많다.
- 노먼 더글러스

많은 사람이 크리스마스나 행사 때 선물을 받으러 친구와 교회에 가 본 추억이 있을 것이다. 나도 어릴 때 친구의 권유로 교회 '문학의 밤' 행사에 참석한 적이 있는데 내게 좋은 추억으로 남아 있다. 작고 아담한 무대와 가을 정취가 느껴지는 조명이 떠오른다. 그 무대 위에 오른 친구들과 가족들이 제법 진지하게 시를 낭송하며 함께 웃으며 행복했던 따뜻함이 좋았다. 혼자 온 친구도 있었지만 가족이 함께 참석해 서로 격려하고 축하해주는 모습을 보며 가족의 소중함을 느낄 수 있었다.

모든 사람에게 가족은 매우 소중하다. 그런데 사람들은 가족이 소중하다고 말하면서도 실제로는 소중히 여기지 않는 경우가 많다. 아이들은 어머니에게 마구 짜증 낼 때가 많다. 아버지는 바빠 아이를 돌보는 데 소홀하고 어머니는 할 일이 많아 힘들다고 하소연이다. 서로 자기 입장만 말하고 자기 주장만 하느라 바쁘다. 가족이라는 이유만으로 감정적인 말을 거르지 않고 쏟아붓는 경우도 많다. 마음 내키는 대로 행동하고 불평을 늘어놓는다. 하지만 이런 상황이 일상화되면 점점 갈등이 쌓이고 결국 서로 입을 다물고 대화는 줄어든다. 물론 진짜 속마음은 가족이 미워서 그런 것은 아니리라. 다만 어떻게 표현할지 몰라 갈등이 커지는 것은 정말 안타깝다. 서로 소중히 여기는 본심과 달리 겉으로 드러나는 표현은 짜증과 불만이다. 그럴 때 대부분 가정에 불화와 다툼이 자주 일어난다.

소중한 가족 간에 서로 유쾌하게 대화하는 방법은 무엇일까? 먼저 가족 구성원들이 너무 바쁘면 대화할 시간이 없다. 마음이 급하거나 생각이 많아도 대화는 어렵다. 관심이 없거나 살림이 궁핍하거나 지식이 없어도 대화는 즐겁지 않다. 가족들과 많은 대화를 하고 싶어도 먹고 사는 데 급급하다 보니 여건이 녹

록하지 않다. 대부분 부모는 자녀와 함께 하는 시간이 부족하다고 생각되면 미안한 마음이 생긴다. 그런 이유로 자녀에게 너무 너그럽게 대하거나 과한 용돈을 주면서 미안한 마음을 달래려고 한다. 그러다가 아이가 작은 실수라도 하면 "내가 얼마나 바쁜데 도와주지는 못할망정 사고나 친다.", "용돈도 많이 줬는데 그 돈으로 다 뭐했냐?"라며 이내 돌변한다. 하지만 자녀들은 부모의 진심 어린 관심과 애정이 필요할 뿐이다. 하지만 이 사실을 몰라주는 부모에게 야속한 감정을 갖게 된다. 결국 자녀도 부모에게 버럭 화를 내거나 사고 치는 악순환이 반복된다.

그런 가정을 보면서 가족이 함께 보내는 시간이 있으면 좋겠다고 생각했다. 어릴 때 경험한 교회 '문학의 밤'을 복지관에서 재현하는 이벤트를 기획했다. 가족들이 시를 짓고 함께 낭송해 보는 시간 만큼은 오롯이 가족만의 시간과 추억이 될 수 있다. 이렇게 마련한 '문학의 밤'은 일반적인 시 낭송회와 다른 방식으로 기획했다.

'문학의 밤' 행사에 참여하려면 두 가지 조건이 있다. 가족의 자작시를 낭송해야 한다는 것과 가족들이 무대에서 낭송하는 동안 가족 모두 무대 위에 함께 서야 한다는 것이다. 가족들이 행사 참여를 신청한 이유는 다양했다. 문학이나 시에 관심이 있어 참석한 어머니와 아이들이 있었고 무심한 성격의 아버지를 어떻게든 가족과 함께 하는 행사에 참여시키려는 가족도 있었다. 시 낭송을 통해 자녀의 사회성을 높여주거나 아이의 재능을 자랑하고 싶은 엄마의 마음에 참석한 가족도 있었다.

대부분 초등학생 아이들의 자작시가 발표되었다. 낭독하는 아이들의 모습을 바라보는 부모의 눈빛은 기쁨과 행복이 담겨 있었다. 엄마가 시를 낭송하는 모습을 바라보는 아이들은 자랑스럽게 두 팔을 번쩍 올렸다. 낭독자를 향해 '엄지 척!'하며 응원을 보내는 가족도 있었다. 딸아이가 시를 낭송하는 동안 무대 위에서 어색하고 쑥스러워하던 한 아빠도 어느새 입가에 미소를 띤 채 흐뭇한 눈빛으로 아이를 바라보았다.

한부모 가정은 불완전한 가정 모습 때문에 의기소침해 참석을 꺼리기도 했다. 하지만 용기를 내 참석한 가족은 무대 위에 쏟아지는 지지와 격려에 고마움을 표현했고 그런 가족의 모습을 바라보는 청중의 마음은 벅찼다. '가족 시 낭송회'는 단순한 시 낭송회가 아니었다. 시를 매개체로 한 가족 간의 대화가 핵심이다. 시를 짓는 과정에서 가족 모두 참여하고 그 과정에서 서로 마주 보며 마음을 나눌 기회를 만드는 것이 목적이다. 이 행사에 참여한 가족들이 변화하는 모습은 놀라웠다. 평소 야단만 치던

엄마의 목소리는 차분해졌고 바쁜 아빠들도 이 행사를 준비하기 위해 일찍 퇴근해 가족과 시간을 보냈다. 아이들도 신나게 작품 준비를 하고 발표하면서 정서적으로 큰 지지를 받을 수 있는 시간이었다.

그렇게 '문학의 밤' 행사는 성황리에 끝났다. 참석자들도 행복한 모습으로 하나 된 가족의 모습을 보여줘 행사 당일 우리 복지관은 늦은 시간까지 불을 밝히고 가족간의 대화 시간을 최대한 보장해 주었다. 시 낭송회에 출품된 시는 등단 시인과 대학교수, 방송 언론인, 문학인들의 시평까지 수록해 근사한 시집으로 제작되었고 행사 한 달 후 참석한 가족에게 시집을 배달해 그날의 정겨운 가족 분위기를 재현했다.

대화는 특별한 것이 아니다. 내가 사랑하는 사람, 가족, 이웃, 동료들과 잠시라도 눈을 맞추고 자신의 마음을 말하고 상대방의 이야기에 귀 기울이는 것이 진정한 대화다. 아울러 '가족 시 낭송회'처럼 소소한 이벤트 시간이 주어진다면 더할 나위 없이 훌륭한 대화의 장이 될 것이다.

한 발 더 가까이

인간에게 가장 중요한 능력은 자기표현 능력이며 현대의 경영이나 관리는 커뮤니케이션에 의해 좌우된다.
- 피터 드러커

사회가 빠르게 변하다 보니 개인적인 욕구가 다양해지고 욕구 수준도 빠르게 변하고 있다. 그러다 보니 사회복지 현장에서도 사회변화 속도만큼 문제 해결도 예방프로그램을 개발, 발전시키는 것이 중시된다. 사회가 복잡하고 다양해질수록 사회복지 분야의 업무도 많아지고 세분화된다.

직원들과 함께 복지관의 비전과 실천 강령을 만들 때의 일이다. 한 달 이상 전 직원이 미션과 비전 강의를 듣고 함께 비전을 수립했다. 비전 수립은 전 직원이 하나가 되어 사회복지 가치에 부합하는 일을 기쁜 마음으로 수행한다면 더 좋은 성과를 이룰 수 있다는 소중한 배움의 시간이었다. 조직을 효율적으로 운영하기 위해서는 직원들이 다 같이 조직의 사명과 목표를 기억하고 실천하는 것이 중요하다. 정신없이 바쁘게 일하다 보면 조직의 사명을 생각할 여력조차 없을 때가 많다. 특히 일선 직원들은 담당 업무 처리만으로도 숨찰 정도로 바쁘다. 그러므로 평소 조직의 사명과 목표에 대해 깊이 생각하지 못한다. 모두 하나가 되어 더 큰 만족감을 느끼고 잘하려고 만든 비전인데 막상 일선 직원들의 일상에 별 영향을 못 미치는 것이 현실이다. 그저 액자 속의 훌륭한 문구로 남기 일쑤다. 그래서 우리 복지관에서는 비전을 더 정교화하기 위해 조직 전체의 비전에 근거해 팀 슬로건을 만들기로 했다.

조직에서 가장 효과적인 의사소통은 팀별 의사소통이다. 팀은 같거나 유사한 업무를 수행하므로 서로 의논하고 협력할 기회가 많다. 그래서 팀은 업무 효율성과 소속감, 공동체 의식이 강한 조직 단위다. 우리 복지관은 팀을 주요 동력 삼아 팀별로 원하는 슬로건을 만들어 실천하는 캠페인을 펼쳐 나갔다. 각 팀에서 만든 슬로건에는 도전, 혁신, 창의라는 단어가 많았다. 대부분의 팀 슬로건은 역동적이고 진취적인 문구로 정해졌다. 그

중 한 팀의 슬로건이 특히 눈에 띄었다. '한 발 더 가까이'라는 문구였다. 타 팀들에 비하면 평범해 보일 정도였다. 슬로건 내용은 어떻게 정하든 각 팀의 자율에 맡긴다는 원칙 때문에 나는 개입하지 않기로 했다. 다소 못마땅한 감정이 들키지 않도록 해당 팀에 그 뜻을 조심스레 물어보았다.

"선생님, '한 발 더 가까이'가 무슨 뜻이에요?"

"부장님, 제가 처음 입사했을 때 어르신들이 매일 찾아왔어요. 제 옆자리에 앉아 이것저것 물어보거나 하소연도 하셨죠."

"강 선생, 우리 집 보일러가 고장났어. 좀 고쳐줘봐. 아니면 어디 연락 좀 해줘. 집에 가서 기다리고 있을게…."

"이번에도 후원금은 나오는 거지? 내가 전기세를 내야 하는데 돈이 없어서…."

"강 선생, 나 내일 입원해. 일주일 후에 올 거니까 우리 집에 반찬 보내는 거 끊지 마. 알았지? 꼭이야!"

"이번에 노인네들 나들이 간다며? 언제 가? 나도 좀 끼워줘."

"복지관에서 김장하지? 지난번에는 받았는데…. 이번에도 김장하는 거지?"

"우리 손자 녀석이 또 사고를 쳤어. 정말 속상해 못 살겠어."

"오늘 경로 식당 점심에 뭐 나와?"

"어르신들은 제가 앉아서 업무를 할 수 없을 정도로 많이 오셨죠. 처음에는 친절히 대답해 드렸어요. 그런데 요즘은 어르신들이 오셔서 이런저런 말씀을 하실 때 저의 반응이 이전과 다르다는 것을 느꼈어요."

"네, 알았어요. 자세한 건 나중에 말씀드릴게요."
"네, 어르신. 제가 시간 내서 찾아갈게요. 조금만 기다려 주세요."

"어르신들과 이야기할 시간도 없고 태도도 이전과 같지 않다고 느껴졌죠. 저만 그런 건 아니고 우리 팀원 모두 일이 너무 많다 보니 어르신을 대하는 모습이 이전 같지 않은 거예요. 계속 바쁘니까요. 그래서 우리 팀은 초심으로 돌아가자는 의미에서 '한 발 더 가까이'라는 슬로건을 정하게 되었어요."

그 말을 듣는 순간 나는 정신이 번쩍 들었다. 강 선생의 말은 그동안의 나를 되돌아보게 했다. 타 조직과의 경쟁에 신경 쓰고 지속적으로 사업을 확장하면서 정신없이 앞만 보고 가던 내 모습을 되돌아보게 했다. 전문성과 창의성을 강조하면서 성과를 높이고 비전도 함께 만들어 열심히 일해보자고 앞장서 주장했던 나였다. 그런데 이처럼 깊은 뜻이 담긴 슬로건을 잠시나마 마음속으로라도 '좀 약한데?', '너무 소박한데?'라며 선입견을 가졌던 것이 얼마나 부끄러웠는지 모른다. '우리 직원 한 명 한 명이 우리 조직과 자신이 하는 일을 이렇게 사랑하고 열심히 하려고 하는데 나는 그들에게 얼마나 깊은 관심과 애정을 쏟았는가? 그들의 목소리를 얼마나 들으려고 했는가?'라는 깊은 반성의 시간을 갖게 해주었다.

조직의 발전을 위해 비전을 수립해 달성하는 것 못지않게 그 비전을 통해 직원들이 함께 성장하는 것이 중요하다. 그러므로 멋지고 도전적인 비전도 좋지만 자신이 일하면서 만나는 사람들에 대한 애정 어린 시선을 거두지 않는 것이 더 가치 있는 일이다. 우리 조직 어느 한 팀의 슬로건처럼 사람 사이의 거리를 좁히고 마음의 문을 열기 위해서는 '한 발 더 가까이' 다가가려는 노력이 필요하다. 아무리 큰 그릇도 그 그릇보다 1cm만 더 넓히면 품을 수 있다. '사람'을 향한 생각과 애정이 듬뿍 담긴 소통은 마음을 1cm 더 넓히고 한 발 더 가까이 다가가는 것이다.

Chapter 3

대화가 부족할 때

유아기는 기초적 수준의 도덕 개념이 형성되는 시기다. 프로이트(Freud)에 따르면, 이것은 초기적 형태의 '양심(Conscience)' 또는 '초자아(Superego)'라고 부른다. 이 시기에는 부모나 주위 사람들에 대한 동일시 과정을 통해 그들이 가진 가치, 태도, 행동의 선악 기준을 받아들이므로 유아들은 자신이 속한 문화권 안에서 적절하다고 인정되는 행동, 태도, 가치 등을 익히고 자신이 속한 사회나 문화 집단의 규칙과 기준을 학습하는 사회화 과정을 거치게 된다. 또한 유아(4~5세)가 되면 남녀 간의 신체적 차이를 인지하게 된다. 이 시기에는 자신의 성에 적합한 행동과 사회적 관계에 관심을 보인다. 즉, 자신의 성에 적합한 옷차림, 놀이, 직업 등에 대한 사회적 기대를 의식하고 그에 따른 행동 양식을 익히게 된다.

문화적 특성과 성에 따라 기대하는 행동 양식이 다를 수 있는데 부모들은 이 기준에 맞추어 자녀의 성 역할 행동을 강화하거나 제한한다. 남자아이는 자라서 남자 어른이 되고 여자아이는 자라서 여자 어른이 된다는 사실을 이 시기에 알게 된다. 아이가 잘못했을 때, 내 아이에게만 피해가 안 가면 된다고 생각하는 부모들이 있다. 이것은 부모들의 잘못된 이기심과 무지로 생긴 사고방식이다. 어릴 때의 올바른 양육은 아동을 건강하고 건전하게 성장시키는 바탕이 된다. 그 아이들이 성장해 이루는 미래는 더 성숙한 사회로 발전하므로 유아기의 올바른 양육은 매우 중요하며 그 바탕에는 부모의 올바른 가치관이 있어야 한다.

님이 남이 되는 인생사

사람은 판단력 결여로 결혼하고 인내력 결여로 이혼하고 기억력 결여로 재혼한다.
- 알망드 클루

결혼은 인생의 중요한 전환점이고 이전 삶과 다른 새로운 삶의 변곡점이다. 남자와 여자가 만나 사랑해 결혼한다. 어느 날 TV 광고에서 이런 문구를 보았다. "살다 보면 사랑은 어디 가고 의리로 산다." 이 문구를 보며 부부로 살아가는 삶에 대해 생각해보지 않을 수 없었다. 모든 부부가 합심해 잘 살아가는 것은 아니다. 우정으로도 의리로도 살지 못하고 헤어지는 부부도 있다. 부부의 연을 맺었으니 사랑이 아니라 의리나 우정으로라도 살아야 할까? 아니면 쿨하게 헤어지는 것이 현명한 선택일까?

내가 협의 이혼 상담위원으로 활동할 때의 일이다. 이혼 상담을 하면서 사유를 들어보면 외도, 경제적 문제, 폭력, 성격 차이 등 다양하다. 그중 가장 많은 것이 바로 '성격 차이'다. 그리고 성격 차이의 원인은 원활한 의사소통이 이루어지지 않아 생기는 경우가 대부분이다. 처음부터 그런 건 아니겠지만 시간이 지날수록 주고받는 대화가 서로에게 치명적인 상처가 되는 경우가 많다. 이 상처는 마음이라는 그릇에 두고두고 쌓아온 곰삭은 상처이므로 상담하다 보면 그 바닥을 들춰보는 것이 버거울 때가 한두 번이 아니었다. 서로 바라보는 눈빛은 분노와 미움으로 가득 차 있고 상대방을 향한 목소리는 멸시와 원망이 뒤섞여 떨리기까지 한다. 애정과 애증이 뒤엉켜 관계가 회복될 기미가 보이지 않는 상태로 상담실에 들어온다. 부부는 서로 등을 돌린 채 서로를 탓하기 바쁘다. 잠시 서로를 바라볼 때는 어김없이 싸우자고 달려든다.

그들이라고 부부로서 행복한 시절이 왜 없었겠는가? 그럼에도 그들은 여러 사람 앞에서 또는 본인들 스스로 맹세하고 선택한 혼인 관계를 청산하기 위해 여기까지 찾아왔다. '조금만 더 일찍 솔직한 대화의 시간이 있었다면 여기까지 오지는 않았을 텐데….' 그들과 상담하다 보면 안타까운 마음이 들 때가 많다. 평생 행복하게 살겠다고 결혼한 부부가 이 자리에 앉기까지 수많은 고민과 망설임이 있었을 것이다. 사유를 들어보면 매우 사소한 것에서 출발한 것이 어떤 말로도 설득되지 않는 딱딱한 돌덩이로 그들의 가슴을 내리치고 있다. 모든 것의 원인이 상대방에게 있고 서로에 대한 분노와 경멸로 가득 차 어떤 말에도 결코 물러서지 않을 분노의 갑옷으로 무장해있다. 참으로 안타까운 일이다.

통계청에서 발표한 우리나라의 이혼은 2018년 기준 약 11만 건에 달하고 증가 추세에 있다. 이들의 결혼생활은 평균 15.6년으로 결코 짧지 않은 세월을 함께 하다가 40대(남성은 48.3세, 여성은 44.8세)에 가장 많이 이혼한다. 최근 고령자들의 이혼도 늘고 있는데 특히 30년 이상 살다가 50대 후반부터 60대에 이혼하는 사례가 급증하고 있다.

이혼하는 부부들의 공통적인 특징은 오랜 시간 동안 진정한 소통이 없었다는 것이다. 대부분의 이혼 부부들이 진정한 소통 방식이나 바람직한 대화 방법을 모르고 있었다. 그러다 보니 일방적으로 자기가 하고 싶은 말만 한다. 또는 아예 체념한 채 상대방의 말을 흘려듣거나 전투적인 태도로 무장한 채 상대방의 말을 맞받아쳐 싸움으로 이어진다. 결혼은 했지만 상대방에 대한 배려나 이해는 없었다. 이해하려고 해도 상대방에 대해 제대로 알지 못하니 이해할 수 없는 경우가 대부분이었다. 일상적인 이야기를 할 때도 친절함은 찾아볼 수 없고 서로 무시하고 핀잔주기에 바빴다. 그러니 그들의 하루하루가 얼마나 힘들겠는가? 서로 얼굴을 볼 때마다 얼마나 화가 나고 지겨웠겠는가? 그들은 나를 만나자마자 하루라도 빨리 헤어지게 해달라고 부탁 아닌 부탁을 해왔다.

나의 첫 번째 클라이언트는 60대 여성이었다. 그녀는 처음부터 이 결혼을 원하지 않았다. 그녀는 집안이 기울어 부모가 정해준 사람과 결혼했다. 결혼하고 나서야 남편의 성격을 알게 되었다. 남편의 '욱'하는 성격과 폭력적인 술버릇을 참을 수 없어 이혼을 신청한 사례다. 자녀 때문에 어쩔 수 없이 결혼생활을 유지했지만 결코 정상적인 생활이라고 할 수 없었다. 자녀가 자신이 결혼하기 전까지 이혼은 절대로 안 된다며 반대해 자식이 결혼하는 날까지 참은 것이라고 했다. 그녀는 자녀가 결혼한 바로 다음 날 법정에 찾아와 이혼 신청을 했다. 얼마나 힘들고 지긋지긋했으면 뒤도 안 돌아보고 법정에 찾아왔을까?

상담 과정에서 만난 남편은 이렇게 말했다. 자신은 가난하고 못 배워 교양이 없다고. 부인을 미워한 것이 아니라 먹고 사느라 바빴고 처음에는 아내가 무엇을 요구하는지 정확히 몰랐다고. '욱'하는 성격은 천성이라 고치기는 힘들었지만 많이 노력했단다. 그래도 아내가 계속 이혼 요구를 하니 어쩔 수 없지만 아내의 용서를 바라는 눈치였다. 하지만 아내는 일말의 여지도 없이 단호했다. "이혼하게 해주세요." 더 이상 설득의 기미가 보이지 않자 남편은 때늦은 후회와 복잡한 감정으로 눈시울을 적실 수밖에 없었다.

또 다른 경우는 남편이 돈만 생기면 게임기를 산다는 이유로 이혼을 신청한 사례다. 남편은 자신의 유일한 스트레스 탈출구가 게임인데 도대체 뭐가 문제냐는 태도였다. 아내는 가정 형편은 생각하지도 않고 고가의 게임기를 사는 것도 문제이지만 게임에 빠져 다음 날 장사도 못 하는 남편이 무책임하다고 비난했다. 가장으로서 자격이 없으니 이혼하겠다는 것이다. 남편은 자신을 이해하지 못하고 '돈, 돈, 돈!'하는 아내 때문에 숨이 막혀 살 수가 없다고 했다. 남편은 점점 더 언성을 높이더니 급기야 자리에서 일어나 험악한 말로 아내를 몰아붙였다. 이 부부에게는 초등학생 자녀들도 있었는데 아이들에게는 이혼한다는 것조차 알리지 않았다고 했다. 그들은 이혼의 뜻도 굽히지 않았다. 무엇이 이 부부를 갈라서게 했는가? 아무것도 모르는 아이들은 무은 죄인가?

이혼한다고 모든 게 끝나는 것이 아니다. 가족들의 마음에 깊은 상처가 남는다. 배우자와는 이별이지만 자녀와는 이별할 수가 없다. 핏줄로 묶인 혈연 아닌가? 그래서 아이는 부모의 이혼 뒤에 가려진 피해자다. 부모의 이혼이 아이들에게 미치는 영향은 엄청나고 고통스러운 상처는 오래 지속된다. 부모의 성숙하지 못한 이혼 태도는 자녀들에게 부정적인 영향을 미친다. 부부가 서로에 대한 미움을 쌓아둔 채 헤어지면 두 사람은 자녀에게 상대방 배우자를 험담한다. 서로 '나쁜 사람'이라며 탓한다. 자신의 이혼을 정당화하기 위해서라도 자녀에게 상대방 배우자를 나쁜 사람으로 몰아간다. 중간에 낀 자녀는 영문도 모른 채 양쪽 부모를 미워하게 되고 그들의 마음은 길을 잃고 만다. 부부간의 소통 부재가 이렇게 돌이킬 수 없는 상황까지 만들게 된다.

상담 사례 중에는 이혼은 했지만 친구로 남은 부부도 있었다. 상담자는 외국인 여성과 결혼한 한국 남성의 경우다. 외국에서 만난 이들은 결혼하면 한국에서 살기로 약속했는데 아내가 한국 사회는 외국인이 살기 어렵다며 자국으로 돌아가 공부를 더 하고 돌아오겠다며 이혼 신청을 한 것이다. 남편은 부인이 돌아가면 다시 돌아오지 않는다는 것을 알고 있었다. 하지만 아내의 힘든 상황을 이해하고 자국으로 보내주었고 둘은 이혼 후에도 친구 관계를 유지하기로 했다. 둘은 이혼에는 합의했지만 다른 부부와 달리 서로 위로하며 상대방의 앞날을 응원해주었다.

우리나라는 2007년부터 이혼 신청 부부 대상으로 이혼 숙려 기간제와 상담 권고제도를 도입했다. 그동안 합의 이혼을 할 때 이혼이 너무 빨리 이루어진다는 점과 이혼 후 자녀의 복리를 고려해야 한다는 이유로 1~3개월까지 숙려 기간을 두도록 법으로 정했다. 이혼에 대해 한 번 더 깊이 생각해볼 기회를 주는 것이다. 이 제도는 오랜 시간 동안 갈등과 애증이 있었으니 상담하거나 다시 숙고해 이혼을 재고해보라는 취지에서 도입되었다. 하지만 실제로 상담해 보면 이혼을 '잘하게' 하는 제도에 가깝다. 서로 지친 감정과 희망이 없는 상태에서 전문가와의 상담 없이 이혼할 경우, 아무 준비도 없이 이혼하는 경우가 많아 이를 막고자 한 것이다. 결국 이혼하기로 결정했다면 스스로 독립해 이혼하기 전보다 더 좋은 모습으로 살아가야 2차 부작용이 줄기 때문이다.

상담하는 동안 부부들은 한결같이 말했다. 버림받은 느낌과 미래에 대한 불안감이 크다고 말이다. 이혼은 했지만 상대방에 대한 식지 않은 분노와 상실감이 든다고 했다. 무섭고 지긋지긋한 생활이 끝났다는 자유로움을 표현하기도 했지만 대부분 '이혼녀', '이혼남'이라는 사회적 편견에 대한 부담으로 위축된 경우도 있었다. 이처럼 이혼한 부부들은 심리적 고통과 자녀에 대한 걱정으로 힘든 시간을 보내는 경우가 많았다.

성경에서는 "아내를 사랑하라", "이웃을 사랑하라", "원수를 사랑하라"라고 말한다. 물론 말처럼 쉬운 것은 아니다. 그러므로 이혼으로 가기 전 서로 부단히 노력해야 한다. 그래도 이혼해야겠다면 이혼에 이르게 된 자신을 되돌아보고 더 성숙한 이혼이 되도록 마지막까지 최선을 다해야 한다. 그것이 자신과 자녀에 대한 책임 있는 태도일 것이다.

자녀를 어떻게 키울 것인가

상대방의 말을 듣는 것, 그것이 사람과 사람을 연결하는 통로다.
- 시로야마 사부로

어느 날 우리 복지관을 이용하는 초등학교 여학생 엄마의 항의 전화를 받았다. 남자아이 한 명을 복지관에 나오지 못하게 하라는 요구였다. 초등학교 5학년 남학생이 3학년 여학생에게 뽀뽀를 했다는 것이다. 여자아이는 집에 가 엄마에게 "어떤 오빠가 나한테 강제로 뽀뽀했어. 기분 나빴어!"라고 말했다. 깜짝 놀란 여자아이 엄마는 부리나케 복지관에 전화했다.

문제의 주인공인 초등학교 5학년 남학생을 수소문해 그 엄마에게 자초지종을 설명하고 여학생 측에 사과해야 한다고 알려주었다. 그런데 남학생 엄마는 오히려 여학생 엄마가 유난스럽다며 대수롭지 않게 나오는 게 아닌가! “남자애가 그럴 수도 있지, 뭐 그런 거 가지고 사과까지 해요? 그냥 조용히 넘어가면 아무도 모를 텐데요.” 그 말을 들은 여학생 엄마는 매우 황당해하며 강하게 주장했다. “그 남학생을 복지관에 못 나오게 해주세요! 우리 아이가 복지관에서 우연히라도 그 남학생을 만나면 너무 힘들지 않겠어요?” 그러자 남학생 엄마는 한술 더 뜬다. “복지관이 바로 집 앞인데 다른 곳을 어떻게 가요? 그리고 어차피 아이들이 같은 동네에 살아 만나게 될 텐데 갑자기 복지관을 안 나가면 오히려 더 소문날 거 아니에요? 우리 아들 앞길 막을 일 있어요?” 그러자 여학생 엄마는 펄쩍 뛰며 언성을 높였다. “그럼 당신 아들 앞길은 중요하고 내 딸 앞길은 어찌 되든 상관없다는 거예요? 이 아줌마가 적반하장도 유분수지. 보자 보자 하니까 어디다 대고 그런 말을 하는 거예요? 선생님, 당장 그 남학생 못 나오게 해주세요.” 일촉즉발의 팽팽한 상황이 진행되는 동안 문제의 남학생은 상담실에서 상담원의 질문에 “몰라요.”만 되풀이하고 있었다.

“왜 그런 행동을 했니?”

“그냥요.”

"네가 한 행동을 어떻게 생각하니?"

"몰라요."

그 사건을 계기로 복지관을 이용하는 유아와 초등학생 전체를 대상으로 어린이 눈높이에 맞춘 성폭력 예방 인형극과 교육을 실시했다. 모든 아이가 교육받는 데 6개월이 걸렸다. 그동안 두 엄마의 다툼은 정리되었다. 이 사건을 통해 유아와 청소년기의 행동과 가치관, 신체적 변화에 대한 올바른 개념의 중요성을 다시 깨닫게 되었다.

유아기는 기초적 수준의 도덕 개념이 형성되는 시기다. 프로이트(Freud)에 따르면, 이것은 초기적 형태의 '양심(Conscience)' 또는 '초자아(Superego)'라고 부른다. 이 시기에는 부모나 주위 사람들에 대한 동일시 과정을 통해 그들이 가진 가치, 태도, 행동의 선악 기준을 받아들이므로 유아들은 자신이 속한 문화권 안에서 적절하다고 인정되는 행동, 태도, 가치 등을 익히고 자신이 속한 사회나 문화 집단의 규칙과 기준을 학습하는 사회화 과정을 거치게 된다. 또한 유아(4~5세)가 되면 남녀 간의 신체적 차이를 인지하게 된다. 이 시기에는 자신의 성에 적합한 행동과 사회적 관계에 관심을 보인다. 즉, 자신의 성에 적합한 옷차림, 놀이, 직업 등에 대한 사회적 기대를 의식하고 그에 따른 행동 양식을 익히게 된다.

문화적 특성과 성에 따라 기대하는 행동 양식이 다를 수 있는데 부모들은 이 기준에 맞추어 자녀의 성 역할 행동을 강화하거나 제한한다. 남자아이는 자라서 남자 어른이 되고 여자아이는 자라서 여자 어른이 된다는 사실을 이 시기에 알게 된다. 아이가 잘못했을 때, 내 아이에게만 피해가 안 가면 된다고 생각하는 부모들이 있다. 이것은 부모들의 잘못된 이기심과 무지로 생긴 사고방식이다. 어릴 때의 올바른 양육은 아동을 건강하고 건전하게 성장시키는 바탕이 된다. 그 아이들이 성장해 이루는 미래는 더 성숙한 사회로 발전하므로 유아기의 올바른 양육은 매우 중요하며 그 바탕에는 부모의 올바른 가치관이 있어야 한다.

부모는 아이를 어떤 사람으로 키울지 깊이 고민해야 한다. 부모의 욕심으로 밀어붙이는 것이 아이의 미래를 위한 것이라는 오판을 하면 안 된다. 아이들의 건강한 성장과 소통은 부모가 욕심을 부리지 않는 데서 시작된다.

애증과 애정 사이

행복한 결혼은 완벽한 부부가 만났을 때 이루어지는 것이 아니다.
불완전한 부부가 서로의 차이점을 즐겁게 받아들이는 법을 배울 때 이루어지는 것이다.
- 데이브 모이리

나는 지금까지 살아오면서 한 번도 부부싸움을 한 적이 없다. 다른 사람들은 대부분 이 말을 안 믿는다. 사람들은 거짓말하지 말라며 코웃음 치거나 심지어 서로 관심이 없는 것 아니냐는 표정으로 바라보기도 한다. 부부는 싸우면서 정든다는데 서로 정이 없는 것 아니냐며 비아냥거리기도 한다. 누군가 "어떻게 한 번도 안 싸우고 살아?"라고 물으면 나는 "왜 싸워? 서로 대화하면 싸울 일이 없는데."라고 대답한다. 이렇게 말하면 상대방은 보통 "그 집은 대화가 되나 보네. 우리 집은 대화가 안 돼!"라며 부부간에는 대화가 어렵다는 반응을 보인다. 30년 넘게 살아오면서 한 번도 안 싸우고 잘살고 있는 우리 부부를 이해할 수 없다는 눈빛이다. 생각해보면 우리 부부 둘만 노력해 대화로 풀고 서로 이해하고 살 수 있었던 것만은 아니다. 경제적 여건, 가정환경, 맞벌이 직장생활, 자녀 학교 문제까지 특별한 갈등 요소가 발생하지 않을 상황이 조성된 것도 큰 몫을 했다.

주변 가정들을 둘러보면 부부간에 사소한 문제로 다투는 경우를 종종 본다. 심각한 다툼이 아니라면 다투면서 사는 것이 오히려 더 평범한 것 같다. 아이들 공부 때문에, 무시당해서, 사랑받지 못해서, 돈 때문에 속상하다며 싸운다. 심지어 서로 편하다며 부부간에 반말과 하대를 하다가 이것이 빌미가 되어 다투기도 한다.

프랑스 소설가 앙드레 모르와(Andre Maurois)는 "부부 사이의 대화는 외과 수술처럼 신중해야 한다."라고 말했다. 우리 부부는 같은 대학 같은 학과, 같은 학번인 캠퍼스 커플이어서 연인인 듯 친구인 듯 오랫동안 교제하고 결혼했다. 결혼 초기에는 학교 때 놀러 온 MT인지 신혼 생활인지 구분도 안 되고 호칭도 친구처럼 반말하며 살았다. 그것 때문에 문제가 된 적은 없지만 우리 부부는 가정이라는 공동체와 학교 동기동창이라는 관계를 구분하기 위해 서로 존댓말을 하며 신혼을 보냈다. 처음에는 어색해 괜히 웃음도 나왔지만 지금 생각해보면 자녀교육이나 서로 간의 존중을 위해서라도 바람직한 시도였다고 생각한다.

부부싸움의 원인 중에 '… 때문에'가 있다. 남편은 아내 때문에, 아내는 남편 때문에, 부부는 아이 때문에, 심지어 자기 때문이라는 것을 알면서도 고치거나 바꾸려는 노력을 하지 않는다. '… 때문에'는 다른 누군가에게 원인을 돌리는 것으로 자기주도적인 삶이 아니다. 삶은 철저히 자기주도적이어야 한다. 이것은 이기적인 것과는 다르다. 자신이 좋아하는 것을 선택하고 노력하고 스스로 책임지는 것을 의미한다. 그러므로 살아가면서 '… 때문에'라고 자주 말하지 않는지 되돌아볼 필요가 있다. 만약 그렇다면 지금 자신은 남의 인생을 살고 있다는 뜻이다.

나는 '싸우면서 정든다'라는 말을 별로 좋아하지 않는다. 사소해도 다툼이 잦은 부부가 행복할까? 굳이 싸워야 정이 드는 걸까? 부부의 싸우는 모습을 보고 자란 자녀들이 사랑과 행복을 과연 배울 수 있을까? 어쩌면 이 말은 가정 내 다툼을 합리화하려는 핑계에 불과하다. 싸우면서 정드는 '애증'보다 웃으면서 정드는 '애정'이 훨씬 바람직해 보인다.

행복한 가정에서 자란 아이는 성인이 되어서도 행복한 가정을 꾸려나갈 수 있다. 부모의 다정하고 행복한 모습을 보고 배우며 자랐기 때문이다. 아이는 부모로부터 존중과 배려, 바람직한 대화와 칭찬, 사랑하는 법을 배우며 자란다. 이렇게 성장한 아이는 훗날 자기 자녀에게도 사랑과 신뢰를 그대로 준다. 나아가 타인과 사회에도 예의 바른 태도를 보인다. 그러므로 자녀를 잘 키우고 행복한 가정을 꾸리고 싶다면 먼저 좋은 어른, 좋은 부모가 되어야 한다. 시간이 흘러 육체적으로 성장했다고 다 같은 어른이 되는 것은 아니다. 바람직한 성장을 위한 환경이나 조건이 잘 갖추어지지 않을 수도 있기 때문이다. 사람마다 성장 배경과 성장 상황은 다르다. 그것은 자신의 선택 여부와 상관없이 주어진다. 의지만으로 극복하기 힘든 경우도 있다. 인간의 삶은 완벽하지 않기 때문이다. 그래서 성숙한 어른이 되려는 의지와 만족스러운 삶을 살아가려면 노력이 필요하다. 그 노력 중 하나가 바로 부부가 독립적인 삶을 기반으로 사는 방법이다.

부부가 된다는 것은 무엇일까? 그것은 개별적인 두 존재가 만나 함께 가정을 꾸리는 일이다. 결혼식을 할 때 우리는 부부가 되었음을 선언한다. 상대방에게 자신이 어떤 남편과 아내가 될 것인지 맹세한다. 이때 가장 중요한 것은 각자의 역할에 대한 독립성이다. 여기서 말하는 독립성은 상대방의 존재와 상관없이 자신의 삶을 살아가는 것이 아니다. 부부는 같은 공간에서 함께 살아가므로 서로 배려와 협력이 필요하다. 부부 관계에서는 서로에게 매우 큰 영향을 미친다. 그런데 부부는 대등하면서도 다르다. 그들은 "다르므로 대등한 것이다"라는 알랭의 말처럼 독립적이라는 것은 각자의 역할에 충실해야 한다는 의미다.

부부는 가정의 기초다. 튼튼한 가정이라는 집을 지으려면 기둥을 세우는 것이 중요하다. 기둥은 자기 자리를 잘 지키고 있어야 한다. 잘 만들어진 집안은 따뜻한 온기와 웃음이 배어나는 가정이다. 주방에서는 날마다 푸짐하지는 않더라도 맛있는 냄새와 함께 식사를 준비하면서 온 가족이 서로 돕고 즐거운 대화를 주고받는 가정이 좋은 가정이다. 따뜻한 온기로 가득하고 이웃과 정을 나눌 줄 아는 가정이 화목하고 행복한 가정이다.

나 때는 말이야

말은 생각한 다음에 하고 사람들이 듣기 싫어하기 전에 멈추어야 한다.
- 톨스토이

"어머나! 돼지 껍데기를 이렇게 예쁘게 파네."

어느 날 대형 마트 냉동고에 진열된 돼지 껍데기를 보고 얼마나 놀랍고 반갑던지 나도 모르게 이렇게 말했다. 남들이 보면 '저 사람은 돼지 껍데기를 정말 먹고 싶은가 보네.'라고 오해할 만큼 돼지 껍데기를 한참 동안 바라보았다. 문득 사회 초년 시절이 떠올랐다. 첫 직장은 사회복지 관련 단체와 기관들이 밀집한 마포에 있었다. 내가 다니던 사회복지회관 옆에는 허름하지만 가정집 같은 돼지갈비집이 있었다.

지금은 주변이 빌딩 숲으로 바뀌어 과거의 모습은 사라졌지만 지금도 마포 공덕동 로터리를 지날 때마다 그때의 추억이 떠오른다. 그 돼지갈비집은 테이블이 3~4개뿐인 작은 집이었다. 가게가 너무 좁아 퇴근 시간에 손님들이 몰리면 가게 앞에 간이 테이블을 펼치고 손님들을 맞았다. 식당 주인아저씨도 매우 친절하고 갈비 맛도 좋아 직장인들이 자주 찾던 단골집이었다. 그곳은 지금까지도 마포에서 가장 맛있는 집으로 내 기억 속에 남아 있다. 그 집 단골 메뉴는 삼겹살과 돼지갈비였는데 듬성듬성 썰어나오는 파무침 맛이 일품이었다.

하이라이트는 마지막에 서비스로 나오는 돼지 껍데기였다. 주인아저씨는 아무렇게나 쓱쓱 자른 커다란 돼지 껍데기를 쟁반 위에 통째로 담아 주셨다. 꽁꽁 언 돼지 껍데기를 구우며 집게로 가끔 두드려 주면 '탁탁' 소리를 내며 구워지던 기억이 새롭다. 꽁꽁 언 돼지 껍데기가 연탄불 위에서 살살 녹으며 윤기가 나기 시작하고 가운데 부위부터 말랑말랑해지면 가위로 네모나게 잘라 나눠 먹었다. 서비스여서 더 맛있게 느껴진 걸까? 먹고 나면 다음 날 삼겹살이나 돼지갈비보다 돼지 껍데기만 기억에 남을 만큼 맛있었다. 나는 돼지 껍데기를 별로 좋아하지 않았지만 직장을 옮기는 바람에 마포를 떠난 후 그 집 돼지 껍데기만큼 맛있게 먹은 적이 한 번도 없었다. 어느 날부터인가 직장인 회식 메뉴는 삼겹살이나 치킨과 맥주(치맥)로 바뀌었다. 요즘은 이탈리안 레스토랑도 많이 찾는 추세여서 돼지 껍데기를 먹으러 갈 일은 당연히 없다.

한동안 TV 프로그램에서 돼지 껍데기 메뉴를 방송한 탓일까? 싼 맛에 먹은 돼지 껍데기가 어느 날 집으로 배달까지 되는 신메뉴로 변했다. 그냥 서비스로 주거나 일부 특정 식당에서만 별미로 판매되던 돼지 껍데기가 이제 인기 메뉴로 자리 잡았다니 정말 아이러니하다. 집으로 배달되는 돼지 껍데기는 모양도 네모반듯하고 깔끔하게 포장되어 있어 편하게 먹을 수 있다. 그런데 이상하게도 30년 전 허름한 마포 골목집에서 먹던 돼지 껍데기와 달리 좀처럼 젓가락이 안 간다.

그 시절 우리는 사회생활이 세련되지 않았고 투박했다. 때로는 일 처리도 주먹구구식이고 체계적이지 않았다. 좋은 게 좋은 거고 상사가 말하면 무조건 따라야 했다. 부하 직원의 성과가 상사의 성과로 바뀌는 경우도 많았다. 바람직한 현상은 아니지만 어쨌든 그 시절 우리는 그런 사회 분위기 속에서 성장했고 그 세대는 지금 대부분 기관장이나 최고 관리자의 자리에 올라 있다.

이 세대의 과거의 삶은 자신들의 삶에서 급변한 현대사회보다 비중이 더 크므로 그들은 아직도 선배에게서 배운 방식을 습관적으로 답습하는 경우가 많다. 자신들은 수십 년 동안의 직장생활 경험이 있고 사회 초년 시절에는 지금과 달리 매우 엄격히 일을 배웠다면서 젊은 세대에게 과거 방식을 강요하지만 시대가 변했다.

밀레니얼 세대는 기성세대와 달리 IT에 능하고 인공지능과 대화하며 가상현실과 증강현실을 거리낌 없이 즐긴다. 영화에서나 보았던 장면이 현실에서 실용화되는 시대다. 이런 차이 때문에 세대 차이가 생기는 것이다. 그렇다면 기성세대는 180도 바뀐 밀레니얼 세대가 자신들과 다르다는 것을 알면서도 왜 "나 때는 말이야…."라고 외치는 걸까?

에릭슨은 심리학적으로 "인간은 어떤 직종에서 일하든 남을 가르치려는 천성적인 욕구가 있다."라고 주장했다. 누군가를 가르친다는 것은 성취감을 안겨줄 뿐만 아니라 남들이 자신을 필요로 한다는 인정 욕구를 채움으로써 자신의 존재가치를 확인할 수도 있다.

생산성을 중시하는 성인 후기(34~60세)에 접어든 사람들은 전 세대와 후 세대가 연결될 수 있는 지식과 경험을 나누는 일을 하려고 한다. 또 이 시기에는 남들을 보호하는 능력과 배려심이 생긴다. 생산성이 결여된 사람들은 자기중심성이 강하고 이 시기에 위기를 극복하지 못한 사람들은 권위주의에 빠질 가능성이 크다. 자신의 욕구와 만족만 우선시하면 인간관계가 좁아지고 남들에 대한 관심을 충분히 표현하지 못하게 되므로 기성세대는 자신의 존재감을 내세우기 위해 "나 때는 말이야…."를 외치는 것이다.

앞에서 말한 돼지 껍데기로도 세대 차이를 알 수 있다. 기성세대든 밀레니얼 세대든 돼지 껍데기를 좋아하는 것은 공통이지만 대상만 같을 뿐 좋아하는 목적과 내용은 전혀 다르다. 기성세대에게 돼지 껍데기는 돈이 없어 고기 대신 먹은 단품이었다면 지금은 건강과 미용을 생각하면서 먹는 건강식품에 가깝다. 기성세대는 연탄불 위에 소금을 뿌려가며 구워 먹었다면 밀레니얼 세대는 돼지 껍데기를 구이로 꼬치로 볶음으로 매운맛, 갈비맛, 고소한 맛 등 취향대로 먹는다. 사뭇 다르지 않은가? 차이가 있으니 세대 차이는 확연할 수밖에 없다. 그렇다면 세대 차이를 어떻게 극복할 것인가? 양쪽이 이해하려는 노력이 필요하지만 밀레니얼 세대보다 기성세대가 더 많이 노력하고 환경 변화에 적응하기 위해 노력해야 한다. 밀레니얼 세대의 사고와 태도가 문제가 아니라 그들은 변화된 환경에 적응하며 살아가고 있을 뿐이기 때문이다. 기성세대는 변화된 환경에서 아직도 과거 방식을 고수하고 있으니 충돌이 일어나는 것이다.

공자는 "뒤에 태어난 사람이 무서운 법이다. 그들의 앞날이 어찌 지금 사람들만 못하다고 단정할 수 있겠는가? 또 나이가 40~50이 되었건만 기리는 소리가 들리지 않는다면 그런 사람은 두려워할 만하지 않다."라고 했다. 중국인들이 즐겨 말하는 "장강의 뒷물결이 앞 물결을 밀어내고 한 시대의 사람이 옛사람보다 낫다."라는 구절이 있다. 앞 물결이 아무리 천천히 흐르거나 머물고 싶어도 뒷물결이 밀려오면 자리를 내주고 흘러가지 않을 수 없다. 그만큼 세대교체는 거부할 수 없는 자연법칙인 것이다.

기성세대여! 오늘은 허름한 마포 선술집 연탄불 위에 구워 먹던 돼지 껍데기 대신 마요네즈에 고추장을 섞어 매콤하게 구운 돼지 껍데기에 내 피부를 맡겨보자. 젊은 세대와 공감하며 함께 성장해보자. 변화하는 시대에 걸맞게 스마트하고 세련되게 변신해보자.

김광석은 『경제를 읽어주는 남자』에서 청년은 미래를 말하고 중년은 현재를 말하고 노년은 왕년을 말한다고 했다. 즉, 나이의 많고 적음을 떠나 "나 때는 말이야…."라고 말한다면 이미 늙은 것이다. 기성세대여! 이제 "나 때는 말이야…."는 멈추고 미래를 이야기하자. 누구에게나 죽기 전까지는 미래가 열려 있다.

Chapter

4

대화를 배우다

갈등은 특정 목표나 희망이 하나일 때는 생기지 않는다. 두 가지 이상이거나 서로 맞설 때 생기므로 대인관계에서 기대 차이는 가장 흔한 갈등의 원인이다. 회사는 조직 구성원들에게 빠르고 높은 성과를 기대하고 구성원들은 그 기대치 때문에 힘들어하고 급기야 갈등이 발생하기도 한다. 구성원 간에 기대하는 성과의 차이가 클수록 갈등은 커질 수밖에 없다.

가정에서도 부모의 기대와 자녀들이 만들어낸 결과에 차이가 생기면 갈등이 생긴다. 부부도 마찬가지다. 기대가 서로 다르면 심리적 고통이 생기고 갈등으로 이어진다. 기대가 다른 것은 생각이 다른 것이므로 갈등을 줄이려면 일의 과정과 결과에 대한 합의가 필요하다. 의사소통으로 상호 기대수준을 맞추고 바람직한 해결책을 찾으면 갈등은 줄어든다. 그 과정에서 소통으로 상호 기대수준과 상황을 조정하는 것은 필수다. 사람들은 원만한 관계를 유지하려고 노력한다. 회사는 직원들의 욕구를 충족시키고 불만을 최소화하기 위해 다양한 지원책을 만든다.

조직 구성원들은 회사의 기대에 부응하기 위해 노력한다. 부부도 서로의 입장을 살피고 배려함으로써 좋은 관계를 유지하기 위해 노력한다. 좋은 관계를 유지하는 효과적인 방법은 상대방이 좋아하는 것과 싫어하는 것을 잘 아는 것이다. 이것을 알려면 상대방에게 질문을 많이 해야 한다.

바람직한 인간관계의 7가지 원칙

내가 무슨 말을 했는가가 중요한 것이 아니라
상대방이 무슨 말을 들었는가가 중요하다.
- 피터 드러커

"언니, 시간 있어요? 잠깐 상의드릴 일이 있어요."

"선생님, 시간 좀 내주실 수 있으세요? 괜찮으시면 잠깐 의논드릴 게 있어요."

"형님, 안 바쁘시면 저녁에 술 한 잔 하실까요? 말씀드릴 게 있어요."

누구나 살아가면서 이런저런 사정으로 상담이나 조언을 요청할 때가 있다. 이때 전문가처럼 상담하거나 조언해줄 수는 없겠지만 바람직한 관계 형성에 필요한 원칙과 기준을 알아두면 큰 도움이 된다. 비에스텍(Biestek)이 제시한 관계 형성의 7가지 원칙은 사회복지 실천 방법론 중 개별 사회사업 방법론에서 제시하는 원칙인데 사회복지 현장에서뿐만 아니라 일상생활에서도 적용하면 유용할 것이다.

1. 개별화

개별화는 상대방을 있는 그대로 바라보는 태도다. 사람마다 성장 과정, 가족관계, 대인관계, 지식수준, 경제적 수준 등 여러 환경이 다르므로 각자의 특성을 있는 그대로 존중해 주어야 한다. 상대방을 있는 그대로 받아들이지 않고 자신의 주관적 경험, 지식, 가치관에 근거해 판단한다면 왜곡된 상황으로 전개될 수 있다. 개개인은 누구와도 비교할 수 없는 고유한 인간이다.

2. 의도적 감정 표현

누군가 상담이나 의논을 하러 왔을 때, 듣는 사람이 호응이나 관심을 보이지 않는다면 원활한 관계 형성은 어렵다. 들어야 할 사람이 다른 일에 더 집중하거나 매우 바빠 보인다면 문제를 가진 사람이 자신의 이야기를 꺼내기 어려우므로 의도적인 감정 표현은 상대방이 마음을 터놓고 이야기할 수 있는 분위기를 만드는 것이다. 물리적 환경은 물론 이야기 듣는 중에도 맞장구치거나 상대방이 자유롭게 있는 그대로 이야기를 풀어 놓을 수 있는 편안한 환경에서 적극적으로 경청한다.

3. 통제된 정서적 관여

대화는 상대방과 의견을 주고받는 행위이므로 언어적 표현뿐만 아니라 몸짓, 표정, 자세 등 다양한 신체적 신호로도 이루어진다. 대화 도중에는 자신뿐만 아니라 상대방이 보여주는 표정, 자세, 몸짓, 억양 등도 민감하게 인식해야 한다. 이런 관찰은 상대방에 대한 관심과 애정에서 나타난다. 대화 도중 중시해야 할 점은 듣는 사람의 입장이나 이야기에 너무 몰입해 흥분하거나 섣부른 판단으로 한쪽에 치우친 반응을 보이거나 상대방의 말에만 너무 수긍한다면 말하는 사람이 왜곡된 인식을 할 수 있다는 점이다.

즉, 말하는 사람은 듣는 사람의 반응에 따라 '아, 내가 제대로 말하고 있구나', '아, 지금 저 사람은 내 이야기가 재미있구나', '아, 지금 저 사람은 다른 생각을 하고 있구나'처럼 듣는 사람의 일거수 일투족의 영향을 받으므로 통제된 정서적 관여는 객관적이고 사실에 근거해야 한다. 때에 따라 공감적 표현으로 객관적이고 솔직한 피드백을 상대방에게 제시함으로써 상대방이 현실과 감정을 구분하도록 해주는 것도 중요하다.

4. 수용

듣는 사람이 상대방의 이야기 내용을 미리 판단하거나 걸러 듣는 것은 곤란하다. 상대방이 말하는 내용이 불쾌하거나 부정적이더라도 있는 그대로 들어주어야 한다. 상대방의 의견을 탐색하거나 미리 결론을 정해 놓고 대응하면 안 된다. 그것은 상대방의 이야기를 제대로 공감하면서 듣지 않는 것이다. 수용적인 자세를 취하기 위해서는 듣는 사람이 더 많은 말을 하거나 이야기가 다 끝나지도 않았는데 재촉하는 등의 실수를 저지르지 않아야 한다.

5. 비심판적 태도

듣는 사람이 말하는 사람의 이야기에 대해 '그것은 잘못되었다.', '그러지 말고 저랬어야 했다'와 같은 평가를 내리면 안 된다. 상대방과 아무리 친하고 잘 아는 사이더라도 그를 온전히 이해하거나 알고 있지는 않기 때문이다. 평가하거나 나무라는 심판적 태도는 듣는 사람이 우위에 있고 말하는 사람이 잘못했다는 판단 하의 대화이기 때문이다. 또 듣는 사람의 주관적 기준, 가치판단으로 경솔하게 대응할 우려 때문이다. "그럴 수도 있겠구나.", "아, 그래서 마음이 아프셨군요."와 같이 말하는 사람 입장에서 그가 한 말을 되짚어 반응하는 정도가 좋다. 비심판적 태도를 취함으로써 최종 결정은 본인이 하도록 해야 하기 때문이다.

6. 자기 결정의 원리

모든 문제에 대한 책임과 결정은 본인 스스로 내리도록 해야 한다. 권위가 아무리 높고 지식이 많은 사람도 그 문제에 대해 가장 잘 아는 사람은 자신이기 때문이다. 제3자의 입장은 본인 스스로 결정하도록 도와주는 역할이어야 한다. 본인이 아닌 듣는 사람이 결정을 대신 내려주면 문제가 잘못되거나 안 좋은 결과가 초래되었을 때, 대신 결정해준 사람이 책임지거나 원망을 들을 수도 있다. 문제들은 대부분 상담 한 번으로 끝나지 않고 2차, 3차 문제가 복잡하게 얽힌 경우가 많으므로 문제 해결에 대한 의지나 결정을 본인에게 맡겨야 한다. 즉, 본인의 자유의사에 따라 결정하도록 상황을 만들어 주는 것이 중요하다. 주도적 삶은 스스로 결정하고 그 결과를 자신이 책임지는 것이다.

7. 비밀 보장

비밀 보장의 원칙은 신뢰의 문제다. 어려운 상황에서 숨김없이 모든 이야기를 했는데 얼마 안 지나 그 이야기가 주변에 다 퍼졌다면 앞에서 언급한 모든 원칙을 다 지켰더라도 신뢰를 잃어 바람직한 관계를 유지하기 어렵다. 비밀 보장의 원칙에서 중요한 것은 비밀 보장은 한쪽만 지켜야 하는 것이 아니라 양쪽 다

지켜야 한다는 사실이다. 비밀 보장에 대한 것은 불투명하게 서로 믿겠지 생각하고 넘어가지 말고 반드시 양쪽 모두 비밀 보장 약속을 하고 지키려고 노력해야 한다.

집 짓기와 행복 짓기

행복을 찾으려고 온 세상을 헤매고 있지만 행복은 손만 뻗으면 되는 곳에 있다.
- 호라티우스

최근 공간에 대한 관심이 높아지고 있다. 어떤 공간을 어떻게 배치하는가에 따라 사람들의 인식과 대화가 달라진다. 특히 집은 가족의 완전체다. 집은 외부 환경에서 가족을 안전하게 보호하고 삶을 꾸려가는 공간이다. 집은 건축물인 동시에 생활공간인 복합체이므로 그 안에서 살아가는 가족의 의미까지 더해져 완전한 시스템으로 이해되어야 한다. 집은 편하게 먹고 자고 쉬는 공간이므로 따뜻하고 자유롭고 위안을 얻는 공간이어야 한다. 또 개인적 공간인 동시에 가족 구성원과 함께 삶을 꾸려가는 공간이다. 집은 특별한 것이 없더라도 편하게 머물고 놀이터처럼 생활의 활력을 주고 잊을 수 없는 추억이 쌓이는 공간이다.

집은 가족들만의 아지트로 삶의 작전을 짜는 공간이므로 항상 현재진행형이다. 가족이 모여 미래를 계획하고 서로 격려와 위안을 주는 장소다. 또 서로 배우고 지지해주는 공간이므로 가족만의 독특한 생활습관과 가치관이 녹아 있는 공간이다. 집은 가족의 유대감이 깃든 곳이므로 때로는 배타적 공간이 되기도 한다. 집은 가정의 안식처다. 가정이라는 공동체의 최대 사건은 결혼이다. 결혼은 행복한 가정을 만들겠다는 다짐을 전제로 시작한다. 결혼은 남이던 남녀가 만나 한 공간에서 사는 것이므로 긴 적응 기간과 상호 섬세한 조율이 필요하다. 집을 짓듯이 말이다.

집을 짓는 데는 순서가 있다. 빨리 짓고 싶다고 기둥도 없이 지붕을 얹을 수는 없고 벽이 없는 허공에 창문을 달 수도 없다. 집 짓기는 적합한 터 잡기부터 시작해 기초를 다지고 튼튼한 기둥을 세워 문과 벽을 완성한다. 벽과 기둥에 지붕을 얹고 예쁘게 미장하고 칠하는 것이 일반적인 순서다. 이 정도는 누구나 알지만 이 과정을 결혼과 비교해 한 가정을 이루는 인생살이에 비교해보면 심오한 진리가 숨어 있다.

첫 번째 단계는 집터를 잡고 만드는 것이다. 집터는 양쪽 가정의 생활문화와 성장 배경이다. 집터로는 먼저 좋은 땅을 선택해야 한다. 토질이 좋고 물이 잘 빠지는 곳이 명당이다. 모래가 많이 섞여 있으면 토질이 약하고 단단한 돌덩이나 바위가 있으면 터를 다듬기 힘들다. 집터는 수평을 잡는 것이 중요하다. 집이 기울지 않도록 단단한 기반을 만들어야 한다. 부부는 함께 살아가면서 상대방의 성장 과정과 중시하는 가치관을 공유해야 한다. 모래처럼 제각각인 관계는 서로 배려하기 어렵다. 단단한 암반이라면 각자는 튼튼하겠지만 자기방어가 심해 융화되기 어렵다. 적당히 뭉쳐지고 적당히 단단한 토질이 좋다. 좋은 집터가 되려면 서로 소통하는 시간과 진솔한 대화가 필요하다. 대화를 통해 과거를 이해하고 현재를 공유하며 미래를 설계할 수 있다. 즉, 집터가 앞으로의 삶을 계획하는 훌륭한 공간이 되려면 소통과 대화로 적절히 반죽된 새로운 문화로 재정립되어야 한다.

두 번째 단계는 기둥을 세우는 것이다. 기둥은 부부다. 부부는 신체적, 정신적, 정서적 측면에서 건강하고 튼튼해야 한다. 건강하다는 것은 자신의 역할을 충실히 수행하고 독립성을 유지할 수 있어야 한다는 의미다. 부부는 성인으로서 각자의 본가로부터 독립되어야 한다. 결혼 후에도 부모와 정신적, 정서적으로 분리되지 않으면 갈등이 초래될 수 있다. 연애할 때는 문제가 없었는데 결혼 후 배우자에게 지나치게 의지하거나 자신의 역할은 소극적이면서 상대방에게만 책임과 의무를 강조하면 갈등이 생긴다. 기둥은 그 위에 얹어지는 가정을 잘 떠받치도록 반듯이 똑바로 서 있어야 한다. 기둥이 다른 기둥 쪽으로 기울면 그 무게를 견뎌야 하는 다른 기둥은 금이 가거나 오래 서 있을 수 없다. 두 기둥이 다 기울면 지붕을 얹을 수 없고 2층, 3층은 기대할 수도 없다. '지금 나는 내 자리에서 기둥 역할을 충실히 하고 있는가?' 가끔 자신의 기둥다움을 되돌아보아야 한다.

세 번째 단계는 벽 쌓기다. 벽은 타인과 외부 환경으로부터 경계를 짓고 가족을 보호해준다. 가정은 사회적으로 인정되고 도덕적, 윤리적으로 규범을 지켜야 한다. 건강한 가정은 상호 존중과 원활한 의사소통이 필수적인 특징이다. 식사와 대화를 함께 하고 서로 존중하고 지지해주면서 균형적인 상호작용을 해야 한다. 가족 구성원은 특별하고 끈끈한 애정으로 맺어져 있다. 어릴 때 동생이 친구에게 물건을 뺏기고 돌아오면 형은 친구들을 혼내주고 물건을 다시 찾아와 주었다. 동생은 어려움이 있을 때마다 형을 찾았고 든든해 좋았다. 가족은 이처럼 '우리'라는 소속감을 준다. 벽은 부부와 자녀에게 안전한 공간을 마련해주고 행복한 대화와 온기로 채워주어야 한다.

네 번째 단계는 창과 문 만들기다. 문은 이웃과의 소통을 의미한다. 창과 문을 만들 때는 채광을 고려하고 바람이 잘 통하게 설계해야 한다. 문은 드나드는 통로이므로 편리하고 예쁘게 꾸미는 것이 좋다. 집안 환기나 외부 소통을 위해서라도 창과 문은 널찍하게 만드는 것이 좋다. "문과 창을 뚫어 만들어야만 집으로서 유용하다"라는 노자(老子)의 말에서도 소통의 중요성이 나타난다. 문과 창으로 가정의 문화와 행복이 이웃에게 전해지고 이웃의 관심과 사랑이 그 곳을 통해 들어온다. 정원을 꾸밀 수 있다면 금상첨화다. 소통 과정이 메마르지 않고 향기와 아름다움이 전해질 수 있기 때문이다. 가족이 힘을 합쳐 정원을 가꾼다면 아름다운 꽃과 향기로 가득해 행복이 더해진다. 작은 텃밭 수확이 있다면 이웃과 나누고 즐거운 이야기가 오갈 수 있다.

다섯 번째 단계는 지붕 얹기다. 지붕은 바깥에서 맨 먼저 보이는 구조로 색상, 멋, 높이가 가장 잘 드러난다. 지붕은 대외적으로 보이는 그 가정의 상징이다. 지붕은 비바람을 견디는 기능과 집을 보호할 적절한 크기여야 한다. 두 기둥이 감당할 만큼의 크기와 무게로 지어져야 한다. 기둥이 튼튼하다면 크고 무거운 지붕을 지탱할 것이고 약하다면 가벼운 지붕도 버거울 것이다. 지붕 위의 다양한 장식은 그 가정의 행복의 척도다. 지붕 위에 가족의 사랑과 추억을 얹기 때문이다. 장식이 크고 화려하다고 좋은 것은 아니다. 남에게 잘 보이려고 기둥의 역량보다 크고 무거운 지붕을 만들면 버티기 힘들다. 언젠가 기둥은 금이 가고 집은 기울어 위태로워진다. 지붕이 너무 소박하면 집 안에 비가 새고 온기가 빠져나갈 수 있다. 지붕의 크기와 모양 설계 과정은 부부의 끊임없는 소통과 노력으로 완성될 수 있다. 좋은 터에 튼튼한 기둥과 벽을 세우고 여기저기 바람이 잘 통하도록 창과 문이 널찍하고 지붕이 예쁜 색상과 치장으로 곱게 단장된 집은 아름답다. 한 쌍의 부부가 만나 가정을 이루고 각자의 역할에 충실하며 사랑스러운 2세와 함께 꾸려가는 가정이 이웃과도 웃으며 소통할 수 있다면 더할 나위 없이 행복한 가정이 될 것이다.

김밥 한 줄에 담긴 마음

사람은 서로 입장과 처지를 바꿔 생각해야 한다.
- 공자

"내가 특별히 줄 것은 없고 이거라도 받아 줘. 고마워서 주는 거야."

어느 날 아침, 아침으로는 좀 늦고 점심으로는 좀 빠를 때 우리 복지관을 이용하는 김영화(가명) 할머니가 사무실로 김밥과 요구르트를 가지고 오셨다. 아마도 할머니를 도와준 내게 고마움을 표현하려는 것 같았다. 김영화 할머니는 장애인 아들과 함께 살고 있는데 정부에서 나오는 생계비로 생활하고 주민센터에서 요청하는 일을 하신다. 당시 주민센터에서 요청하는 일은 벽에 붙은 전단지를 떼거나 동네를 청소하는 미화 업무 같은 것이었다. 할머니는 일하다가 점심시간이 되면 복지관 식당에서 식사하고 오후에는 상가나 가정집에서 내놓은 종이상자를 팔아 생계를 꾸리셨다. 그렇게 살아가시는 할머니에게 김밥과 요구르트는 무척 큰 선물이다.

복지관 프로그램을 이용하는 분들은 대부분 가난하다. 그들이 가난해서라기보다 사회복지관은 도움이 필요한 분들에게 가능한 자원을 연결하고 제공하는 것이 본연의 일이므로 아무리 작은 선물이라도 개인 차원에서 받으면 안 된다. 그런데도 할머니는 가끔 내게 작은 선물을 갖다 주셨다. 김밥, 떡 한 조각, 때로는 우유 하나를 들고 오실 때도 있다. 나는 할머니가 선물을 가져올 때마다 "할머니, 제가 선물을 받는다고 잘하고 안 받는다고 못 하지 않아요. 제가 최선을 다해 도와드릴 테니 걱정하지 마세요. 그리고 이건 저한테 주지 마시고 할머니가 드시거나 아드님께 가져다드리세요."라고 말씀드리며 할머니의 선물을 고사했다. 그날도 할머니가 김밥과 요구르트를 가져오셨길래 할머니의 정성에 감사 인사를 드리고 선물은 받지 않았다.

그날 오후 관장님께서 부르셔서 갔더니 오전에 방문했던 김영화 할머니가 앉아 계셨다. 깜짝 놀라 "할머니, 무슨 일 있으세요? 어디 아프신 거예요?"라고 여쭈었더니 아니란다. "그럼 아드님께 문제가 생긴 거예요?"라고 물었더니 그것도 아니란다. 할머니가 관장님을 찾아온 것은 임대주택이 당첨되어 멀리 이사가게 되어 인사하러 온 거란다. 할머니는 그동안 고마웠다면서 자신에게는 거금인 10만 원을 복지관에 기부하고 관장님께 인사드리러 온 것이었다. 김영화 할머니는 "그동안 돌봐준 것이 고마워서 그래요. 선생님께도 감사한 마음에 오전에 김밥 좀 사다 드렸더니 그것도 안 받으시고… 서운했어요."라고 말씀하시는 것이 아닌가. 할머니는 기부금은 적지만 정성이라고 하셨다. 복지관 이용자라고 항상 도움을 받을 수만 있겠냐며 조금이라도 성의 표시를 하고 싶다고 간곡히 말씀하셨다.

복지관의 규정과 지침에는 '복지관 이용자들에게서 어떤 선물도 받지 않는다'라고 되어 있지만 이럴 때는 할머니의 따뜻한 마음과 진심이 담긴 김밥 한 줄을 받지 않는 것이 오히려 예의가 아니라는 생각이 들었다. 그날 오후 복지관은 할머니의 따뜻한 마음 덕분에 훈훈했고 불현듯 할머니와의 추억들이 떠오르면서 괜히 죄송한 마음이 들었다. '할머니께서 서운하셨구나. 할머니, 죄송해요. 할머니 마음을 소홀히 생각한 게 아니에요. 멀리 가시더라도 항상 행복하고 건강하시기 바랍니다.'

주고 싶은 사랑 vs 받고 싶은 사랑

그 친구가 싫어서 사귀어 볼 생각이야. 그 친구에 대해 좀 더 알아야 할 것 같아서.
- 에이브럼 링컨

'갈등(葛藤)'은 서로 얽힌 칡과 등나무에서 유래한 단어다. 칡은 바위나 나무에 기대어 왼쪽으로 감아 올라가고 등나무는 오른쪽으로 감아 올라간다. 두 나무가 얽히듯 관계가 서로 얽히거나 화합하지 못하는 것이 '갈등'이다. 심리학에서 갈등은 정신세계의 내부에서 방향이 다른 힘끼리 충돌하는 상태를 말한다. 그래서 갈등이 생기거나 계속 유지되면 불안하고 고통스러운 심리 상태가 된다.

갈등은 특정 목표나 희망이 하나일 때는 생기지 않는다. 두 가지 이상이거나 서로 맞설 때 생기므로 대인관계에서 기대 차이는 가장 흔한 갈등의 원인이다. 회사는 조직 구성원들에게 빠르고 높은 성과를 기대하고 구성원들은 그 기대치 때문에 힘들어하고 급기야 갈등이 발생하기도 한다. 구성원 간에 기대하는 성과의 차이가 클수록 갈등은 커질 수밖에 없다.

가정에서도 부모의 기대와 자녀들이 만들어낸 결과에 차이가 생기면 갈등이 생긴다. 부부도 마찬가지다. 기대가 서로 다르면 심리적 고통이 생기고 갈등으로 이어진다. 기대가 다른 것은 생각이 다른 것이므로 갈등을 줄이려면 일의 과정과 결과에 대한 합의가 필요하다. 의사소통으로 상호 기대수준을 맞추고 바람직한 해결책을 찾으면 갈등은 줄어든다. 그 과정에서 소통으로 상호 기대수준과 상황을 조정하는 것은 필수다. 사람들은 원만한 관계를 유지하려고 노력한다. 회사는 직원들의 욕구를 충족시키고 불만을 최소화하기 위해 다양한 지원책을 만든다.

조직 구성원들은 회사의 기대에 부응하기 위해 노력한다. 부부도 서로의 입장을 살피고 배려함으로써 좋은 관계를 유지하기 위해 노력한다. 좋은 관계를 유지하는 효과적인 방법은 상대방이 좋아하는 것과 싫어하는 것을 잘 아는 것이다. 이것을 알려면 상대방에게 질문을 많이 해야 한다.

"뭘 좋아해요?"
"싫어하는 건요?"
"누구를 가장 좋아하나요?"
"어떻게 해주면 편해요?"
"당신에게 가장 소중한 것은 무엇인가요?"
"어떤 삶을 꿈꾸나요?"

이처럼 다양한 질문을 하는 것은 상대방에 대한 정보를 최대한 정확히 많이 얻기 위해서다. 정보가 많을수록 내가 해야 할 것과 하지 말아야 할 것에 대한 선택의 폭이 넓어진다. 하지만 상대방을 잘 안다고 관계가 좋아지는 것은 아니다. 상대방에 대한 수많은 정보 중 상대방이 원하는 것을 잘 기억하고 지속적으로 반응해주는 것이 더 중요하다. 상대방에게 보여주는 적절한 반응은 좋은 관계를 만드는 데 매우 중요하다.

좋은 관계를 유지하는 두 번째 방법은 상대방에게 좋은 것을 해주는 것이다. 사랑하는 사람에게는 좋아하는 것을 해주고 싶어한다. 남자친구는 여자친구에게, 아내는 남편에게, 부모는 자녀에게, 멀리 떨어져 있는 부모님께. 이렇게 누구나 사랑하는 사람에게 좋은 것을 해주고 싶어한다. 그러므로 좋은 관계는 상대방이 원하는 것을 해주는 것이다. 서로에게 좋은 것만 해주고 싶은 것이 바로 사랑이다. 그리고 그 사랑은 일회성이 아니라 지속성과 일관성을 유지해야 한다.

누군가와 좋은 관계를 유지하는 데 주의할 점이 있다. 자신의 능력이나 형편에서 벗어나 과도하게 잘하려는 것이다. 너무 잘하려고 애쓰거나 무리하면 오래 못 간다. 오래 못 가는 친절과 배려는 좋은 관계를 망치기 쉽다. 따라서 자신과 상대방에게 솔직한 것이 좋은 관계를 오래 유지하는 비결이다.

딸아이가 어릴 때의 일이다. 나는 딸에게 나의 사랑을 표현하고 싶었고 '변함없이 부담없이 어떻게 사랑을 표현할 수 있을까?' 고민했다. 한참 고민한 끝에 딸아이에게 했던 사랑 표현법은 매일 아침 출근할 때와 잠들기 전에 아이의 엉덩이를 톡톡 치면서 작은 소리로 "사랑해요!"라고 속삭이는 것이었다. 내가 이 사랑 표현법을 사용할 때는 대부분 딸아이가 잠드는 시간이었다. 그래서 딸아이는 대놓고 대답하지는 않았지만 꿈결처럼 행복한 표정으로 살포시 돌아누우며 편안하게 잠자는 모습으로 응대해 주었다. 나는 이런 사랑 표현을 딸아이가 시집가기 전까지 변함없이 실천했다. 중요한 것은 실천하기 힘든 것이라도 자발적이어야 한다는 것이다. 상대방을 위해 힘들지만 억지로 시간을 내 애쓸 경우, 그 결과나 상대방 반응이 기대에 못 미치면 실망하게 된다. 어쩌면 "누가 그렇게 하라고 그랬어요? 자기가 해놓고 무슨 공치사예요!"라는 핀잔을 들을 수도 있다.

열심히 노력한 것이 상처가 되어 돌아올 수도 있다. 상대방이 좋아하거나 부담을 느끼지 않는 것에 대한 정확한 이해 없이 일방적으로 자기 기준에만 맞추어 노력하면 양쪽 모두 힘들어질 수 있다. 상대방이 원하는 것을 해주려면 그에 대해 구체적으로 대화하고 상대방이 바랄 때 적절한 방법으로 제시되어야 한다.

좋은 관계를 유지하는 세 번째 방법은 믿고 기다리는 것이다. 부모와 자녀 관계에서 엄마는 아이에게 숙제하라고 말하고 아이는 알았다고 한다. 하지만 아이는 하라는 숙제는 안 하고 계속 다른 짓만 할 때가 있다. 대부분 엄마들은 아이가 주어진 시간 안에 해야 할 일을 못 할까 봐 걱정한다. 이때 버릇을 잘못 들이면 안 된다고 생각한 엄마는 아이가 제시간에 숙제하는 습관을 들여야겠다고 생각해 숙제하라고 계속 다그친다. 그러면 아이는 또 건성으로 대답한다. 엄마와 아이 사이에 메아리 같은 대화가 허공에서 맴돌 뿐이다. 결국 참다 못한 엄마는 아이가 약속을 안 지킨다면서 야단친다. 그러면 아이는 아이대로 "내가 알아서 한다고요. 참견 좀 그만하세요."라며 짜증을 낸다. 결국 아이는 '쾅' 소리와 함께 방문을 닫고 들어가 끼니까지 거른다. 엄마는 아이가 밥도 안 먹는다며 언성을 높인다. 이런 상황이 가정에서 날마다 반복된다면 어떻게 될까?

이럴 때는 대화 방식을 바꿔야 한다. 부모와 아이가 서로 원하는 것을 조율하고 분명한 합의를 봐야 한다. 그런 후 부모는 아이를 믿고 기다려줘야 한다. 인내심을 갖고 지켜보는 것이다. 그런데 요즘 부모와 학교는 아이들에게 빨리 정답을 찾기를 요구하다 보니 아이가 자율성을 키우거나 생각할 시간이 없다. 숨막히게 다음 해야 할 일을 주문하니 수동적으로 임하게 된다. 하지만 어느 경우든 부모가 아이의 모든 것을 대신해줄 수는 없다. 결국 아이 스스로 해내야 하므로 아이가 해야 할 일을 명확히 제시하고 합의했다면 믿고 기다려주는 것이 좋은 관계를 쌓는 방법이다.

좋은 관계를 유지하는 네 번째 방법은 상대방이 싫어하는 것을 안 하는 것이다. 잘하려고 너무 애쓰기보다 상대방이 싫어하는 것을 안 하는 것이 지혜다. 상대방이 싫어하는 것을 안 한다는 것은 불편한 감정을 최소화하는 것이다. 싫어하는 것을 안 하는 것은 좋아하는 것을 많이 해주는 것보다 영향력이 작게 인식될 수 있지만 불편한 감정을 최소화한다는 점에서 신뢰 유지에 큰 도움이 된다. 상대방에게 잘해주려고 할수록 상대방은 부담을 느끼거나 힘들어할 수 있다. 너무 잘해주려고 에너지를 쏟기보다 싫어하는 것을 하나씩 줄여가는 게 어떨까?

우리 엄마는 가난했던 어린 시절을 기억하는 것을 싫어하신다. 어린 시절 얼마나 힘들었던지 엄마에게 인생에서 가장 중요한 것은 배불리 먹는 것이다. 그래서 가족이 많이 먹는 것을 보면 기뻐하셨다. 우리 형제자매가 밥을 잘 안 먹으면 가만 있지 못하셨다. 아침을 안 먹으면 학교에 갈 수 없었다. 엄마에게는 자식들이 아침밥을 든든히 먹고 학교에 가는 것이 가장 중요해 아침밥을 거르는 것은 상상조차 할 수 없었다. 먹는 것을 별로 좋아하지 않았던 동생은 끼니때마다 엄마에게 야단맞았다. 많이 먹을 것을 강요하는 엄마를 불편해하는 동생을 위해 말려도 보았지만 소용없었다. 엄마에게 가장 소중한 사람은 가족이고 이 소중한 가족에게 든든히 먹이는 것은 세상 그 어떤 일보다 중요해 어떤 이유나 변명도 통하지 않았다. 그러다 보니 행복하고 오순도순해야 할 식사시간에 큰소리가 나거나 불편한 일이 종종 벌어졌다.

"안 먹겠다잖아. 그냥 좀 내버려둬요. 배고프면 나중에 먹겠지!"

"끼니때가 되었는데 왜 밥을 안 먹어! 옛날 같으면 없어서 못 먹지. 호강에 겨운 소리하고 있어!"

엄마의 그런 확고한 믿음 때문에 우리 집안 행사는 대부분 뷔페식당에서 열렸다. 다양한 음식을 많이 먹는 가족을 보는 것을 좋아하셨기 때문에 나는 많이 먹는 모습을 보여주어야 했다. 밀레니얼 세대인 손주들도 집안 행사에서는 예외 없이 뷔페식당에 가야 했다. 어느 날 가족이 엄마에게 진지하게 뷔페 말고 맛집에 가보자고 했지만 엄마는 들은 척도 안 했다. 뷔페가 최고라며 자식들의 건의를 오히려 섭섭하게 생각하셨다.

음식을 둘러싼 전쟁은 현재진행형이다. 하지만 엄마도 이전 같지 않으셔서 지금은 종종 단품 요리집이나 맛집을 찾아갈 때도 있다. 엄마 마음을 모르는 것은 아니다. 어떻게든 가족을 잘 먹이고 싶은 마음을 왜 모르겠는가. 엄마의 그 믿음으로 끼니를 거르지 않았던 나는 엄마 덕분에 지금까지 건강하다. 하지만 우리는 상대방이 부담스러워하는 것은 그만두어야 한다며 아직도 끼니 전쟁을 계속하고 있다.

나는 결혼하면서 엄마의 끼니 강요에서 벗어날 수 있었다. 그런데 내가 아이를 낳아 보니 엄마의 행동을 조금은 이해할 수 있었다. 하나밖에 없는 내 딸아이는 밥을 너무 안 먹었다. 밥알을 세듯이 천천히 먹는다. 먹는 양도 매우 적고 밥 먹을 때만 되면 배가 아프다며 먹기 싫다는 의사를 내비쳤다. 그럴 때마다 친정엄마가 왜 그렇게 밥 먹는 것이 중요하다고 말씀하셨는지 알 것 같았다. 그렇다고 딸아이에게 강제로 밥을 먹이는 것은 내가 어릴 때부터 그토록 싫어했던 친정엄마의 방식과 다를 바 없어 어떡해야 할지 고민되었다.

당시 나는 시어머니를 모시고 살았는데 남편이나 나는 출근하기 바빠 대부분 아침을 걸렀다. 그리고 딸아이는 대부분 시어머니와 식사했다. 어느 주말 아침 온 가족이 모여 식사하려는데 딸아이가 식탁에 앉자마자 밥 먹기 싫다는 것이었다. 아이에게 밥을 먹이고 싶은 마음에 '너, 외할머니 계셨으면 혼났어. 어서 밥 먹어야지!'라고 말하려는 순간, 시어머니가 먼저 말씀하셨다. "그래, 아가. 배 아프면 안 먹어도 돼. 억지로 먹다가 나중에 탈 날 수도 있어. 괜찮아! 나중에 먹고 싶을 때 먹어."

시어머니의 그 말씀을 듣고 나는 흠칫 놀랐다. 시어머니가 아니었다면 나도 친정엄마처럼 딸아이에게 밥 먹으라며 강요했을 것이다. 하지만 시어머니는 흔쾌히 먹기 싫으면 먹지 말라고 하시는 게 아닌가. '그래, 그래도 괜찮아.' 친정엄마와 시어머니 두 분 다 자녀 사랑이라면 둘째 가라면 서러운 분들이다. 하지만 밥상에 대한 생각은 두 분이 달랐다.

그 사건 이후 나는 두 분의 사랑 표현 중 시어머니의 방식을 따랐다. 친정엄마의 가족 사랑을 모르지는 않지만 상대방이 싫다면 안 하는 것도 좋은 관계를 유지하는 지혜라고 생각한 것이다. 그런 내 생각은 또 한 번의 사건으로 더 확고해졌다. 딸아이는 학교에 싸간 도시락을 매번 조금씩 남겨 왔다. '맛이 없었나? 밥이 많았나? 무슨 일이 있었나?' 나는 아이가 걱정되어 물어보았다. 딸아이는 "아냐, 엄마. 밥을 다 먹지도 않았는데 점심시간이 벌써 끝나버리잖아. 나는 열심히 먹었단 말이야!"라고 대답하는 것이 아닌가.

'맞아! 우리 딸아이는 남들과 달리 밥을 천천히 먹지.' 나는 퍼뜩 정신이 들었다. "아, 그랬구나. 알았어. 다음에도 다 못 먹겠거든 남겨 와. 잘했어." 누군가를 사랑하는 방식은 생각보다 간단하다. 상대방이 좋아하는 것을 해주고 싫어하는 것은 안 하는 것이다. 두 가지 중 더 잘할 수 있고 편한 것을 더 많이 해주는 것이다.

잘못을 인정하는 용기

사과는 사랑스러운 향기다. 사과는 매우 어색한 순간을 우아한 선물로 바꿔준다.
- 마가렛 리 런벡

"부장님, 그건 인계받지 않은 사항이에요. 지금까지 그런 일은 없었거든요."

새로 옮긴 직장에서의 일이었다. 부하직원에게 준비한 서류를 좀 더 정확히 작성해 달라고 했더니 전임자에게서 그 부분을 인계받지 않아 할 수 없다는 것이었다.

본인은 인계받은 대로 일할 뿐이란다. '아니, 이 사람은 반응이 왜 이렇지?' 잠시 당황한 기색을 뒤로 하고 이번에는 미흡

한 서류가 아니라 필요한 서류를 요청했더니 지금은 바쁘니 직접 찾아보겠느냐고 반문했다. 이번에는 눈에 보이는 문제의 해결 방법을 제시했더니 지금까지 문제없이 지내왔는데 왜 바꾸어야 하는지 이해할 수 없다며 방어적인 태도를 보였다. '새 부장을 길들이겠다는 건가? 안 되겠어. 이대로 두었다가는 업무 협조는 고사하고 조직 분위기까지 나빠지겠네.' 나는 부하직원을 따끔하게 지적하려다가 잠시 숨을 내쉬었다. '참자, 오자마자 불화를 만드는 것보다 의사소통 교육을 통해 변화할 기회를 만들어 보자.' 나는 생각을 바꾸고 당분간 그 직원을 지켜보기로 했다.

직장을 옮기면 새로운 조직문화에 적응해야 한다. 그 과정은 신선하거나 힘들 때도 있다. 사람과 조직 모두 기존 것을 유지하고 변화에 저항하려는 경향이 있다. 특히 역사가 오래된 조직일수록 변화에 대한 저항이 크다. 이런 현상을 부정적으로 '텃세'라고 부르며 문화적 차원에서는 '안일함' 또는 '고정관념'이라고 한다. 한참 지켜보았는데도 그 직원은 변할 기미가 안 보였다. 더 심각한 것은 오래된 경력자가 아니라 아직 신입직원이라는 점이었다. 주변 동료들에게 알아보니 처음 입사했을 때는 그러지 않았는데 어느 날부터인가 태도가 바뀌고 공격적으로 변했다고 했다. 기존 직원들도 그 직원의 태도에 그러려니 하며 타성에 젖어 있었다. 하지만 다른 신입직원들은 자신들과 별 차이도 안 나는 그 직원의 태도가 불편해 당황스러워했다. 나는 더이상 두고 볼 수 없어 그 직원을 불러 잘못된 언행과 근무 태도를 지적했다. 직장 분위기나 개인적 불편도 있었지만 무엇보다 그런 태도를 계속 유지하는 것이 지금 막 직장생활을 시작한 다른 신입직원들에게 부정적인 영향을 미칠 것을 우려했기 때문이었다. 그랬더니 "부장님, 죄송해요. 사실 저도 제가 잘못하고 있다는 것을 알고 있어요. 그런데 일은 점점 많아지고 그냥 호락호락 일을 받아 처리하면 감당할 수 없을 만큼 많은 일을 떠맡을까 봐 깐깐하게 보이려고 그랬어요."라며 그동안의 공격적이고 무례한 태도에 대한 나름의 이유를 설명했다. 만만히 보였다가 실수라도 하면 본인이 책임져야 한다는 부담감 때문에 모든 것에 예민하게 반응했던 것이다. 나는 그런 문제는 오히려 상사인 내게 업무 조정이나 인력 보강을 요청해야지 그런 업무 태도를 보이면서 어떻게 다른 직원들과 융화하고 좋은 조직문화를 만들어갈 수 있겠느냐며 잘 타일러 돌려보내고 다시 지켜보기로 했다.

변화의 움직임은 오래 걸리지 않았다. 바로 다음 날 그 직원이 쭈뼛쭈뼛 내게 걸어오더니 "부장님, 제가 어제 부장님 말씀을 듣고 집에 가서 많이 반성했어요. 죄송해요! 다음부터 주의할게요!"라고 말했다. 그 직원의 변한 태도에 괜히 뿌듯한 기분이 들었다. "유리(가명) 씨, 솔직한 마음을 표현해줘서 고마워요. 유리

씨, 정말 훌륭해요!"

사람은 누구나 결점이 있다. 하지만 그것을 쉽게 인정하려고 하지 않는다. 더구나 그것을 말로 표현하기란 더더욱 어려운 일이다. 그럼에도 불구하고 이렇게 나이 어린 직원이 자신을 되돌아보고 마음을 솔직히 표현하니 얼마나 용기 있는 모습인가? 그 직원의 용기 있는 모습을 보고 회사의 미래가 보이는 것 같았다. 그 사건 이후 15년이 지난 지금 그는 부장으로 승진해 15년 전의 내 자리를 대신하는 훌륭한 직원이 되어 있다. 그리고 매년 스승의 날에는 그날의 내 충고를 되뇌인다면서 작은 꽃바구니를 꼬박꼬박 보내오고 있다.

‘미안하다’는 말은 너무 늦지 않게

지금 누군가에게 사과하기를 거절한다면
이 순간은 언젠가 당신이 용서를 구해야 할 때로 기억될 것이다.
- 토바베타

“안 보는 데서는 나라님 흉도 본다”라는 속담이 있다. 하물며 직장 상사나 사장을 흉보는 것쯤이야 다반사라고 할 수 있다. 실제로 LG경제연구원 조사 결과, 직장인들의 가십성 대화 소재는 ‘상사의 리더십’(21%), ‘동료 뒷담화’(17%), ‘연예인과 정치인’(16%), ‘보상과 승진에 대한 불만’(14%), ‘사내 연애’(9%) 순으로 나타났다. 가장 많은 뒷담화 소재는 역시 ‘직장 상사’였다.

과연 이런 뒷담화는 옳은 것일까? ‘뒷담화’는 뒤에서 말을 주고받는 행위로 가벼운 흉보기로 끝나는 경우가 드물다. 대부분 뒷담화 과정을 거쳐 나중에는 사실과 다른 이야기로 변하고 심하면 중상모략이 될 수도 있다. 오죽하면 프란치스코 교황도 "뒷담화만 안 해도 성인이 된다."라고 하셨을까? 뒷담화의 더 안 좋은 모습은 뒷담화 때문에 나중에 문제가 커지면 "에이, 가벼운 농담으로 한 말인데 뭘 그걸 가지고 그래?"라면서 책임을 회피하려고 한다는 점이다.

뒷담화의 내용이 모두 틀리거나 근거가 없는 것은 아니다. "아니 땐 굴뚝에 연기나랴?"라는 속담처럼 말이다. 그렇다고 모두 맞는 것도 아니다. 서로 입장이 다르다 보니 각자 상황에서 해석하면 이해관계가 다른 경우가 대부분이다. 상사에 대한 뒷담화의 경우, 일선 직원들과 상사의 상호 입장을 잘 대변해주는 중간자가 없다면 오해가 계속 쌓이기 쉽다.

내가 부장으로 입사한 지 몇 개월 지나지 않았을 때의 일이다. 새로운 직장 직원들은 근로의욕이 높지 않았다. 실수도 잦고 업무 처리도 빈틈이 많았다. 업무추진 속도도 답답하기 그지없었다. 그런데 직원들은 모여 허구한 날 힘들다는 하소연과 불만만 늘어놓기 일쑤였다. 사장이 직원들 의견에는 귀 기울이지 않고 업무 개선도 없이 새로운 일들만 벌인다는 불만이 많았다. 또 권위적이고 일방적으로 지시만 한다는 것이다. 그러다 보니 직원들은 기존 업무에 추가 업무까지 수행하기 위해 야근이 잦고 그럴수록 업무는 비효율적이 된다며 불만이 팽배했다.

직원들의 이야기가 틀린 것은 아니었다. 그러던 어느 날 사장과 업무 논의를 하는데 그날도 사장은 전후 사정없이 지시사항을 무조건 수행해놓으라고 했다. 결국 나는 직원들이 이런 업무방식을 불편해하고 있고 지금처럼 일방적으로 몰아붙이면 안 된다는 의견을 사장에게 전달했다. 그런데 사장은 그런 내 직언을 수용해줄 것이라는 기대와 달리 "오 부장은 우리 회사에 들어온지 얼마나 되었어요? 도대체 오 부장이 우리 직원들에 대해 뭘 안다고 그런 소리를 해요?"라며 호통치는 것이었다. 사장의 그런 태도에서 '직원들은 사장을 소중히 생각하는데 사장은 직원들을 소중히 생각하지 않는구나.'라는 생각이 들었다. 나는 더이상 못 참고 "사장님, 제가 여기 온 지 얼마 안 되어 직원들을 속속들이 알지는 못 하지만 직원들이 마음 편히 일하지 못하고 있으니 그것은 대표님이 잘못하시는 겁니다."라고 말하고 말았다. 사장은 어이없다는 듯 나를 한참 쳐다보더니 나가보라고 말했다. '뭐가 잘못된 거지? 물론 내가 사장에게 직언했지만 단둘이 있을 때였고 사장과 직원 모두를 위해 그런 거지 나 하나 편하자고 그런 건가? 사장의 잘못이지 내 잘못은 아니야.'라고 생각했다. 하지만 시간이 갈수록 사장의 어이없는 표정이 떠올라 마음이 편치 않았다. '말한 내용이 틀린 것 같지는 않은데 말하는 내 태도에 문제가 있었나? 그래도 회사 사장인데 내가 너무 무례했나?'

내 자리로 돌아와 차분히 다시 생각해보니 내 태도가 분명히 무례했다는 생각이 들었다. 사장에게 사과해야 할 것 같은데 난감했다. 시간을 끌면 끌수록 사과하기는 점점 더 어려울 것 같아 심호흡을 한 번 크게 하고 사장실로 들어갔다. 사장은 아직 화가 가시지 않았는지 굳은 표정으로 붉게 상기되어 있었다. "사장님, 죄송합니다. 제가 무례했습니다. 죄송합니다." 사장은 고개를 숙이고 잠시 생각하더니 "그래, 이거야! 이 자세가 된 거야. 잘못을 말할 줄 아는 태도가 중요하지. 좋은 자세네요. 그럼 됐어요."라며 미소를 지었다. 내가 사장에게 무례하게 말한 것도 잘못이지만 더 큰 실수를 했다. 한쪽 입장만 듣고 다른 한쪽 입장은 듣지 않은 것이다. 직원들 입장은 고려했지만 상대방인 사장의 입장과 고뇌는 한 번도 귀 기울이지 않고 일방적으로 사장의 잘못만 지적한 것이다. 나의 그런 태도에 사장은 화가 났던 것이다. 더구나 큰 조직사회에서 한쪽만 항상 옳고 다른 쪽은 항상 틀렸다고 할 수는 없다.

그날의 해프닝을 통해 말할 때 특히 직언이나 충고를 할 때는 반드시 양쪽 입장을 듣고 객관성을 유지한 상태에서 말해야 한다는 것을 깨달았다. 사과는 늦어질수록 하기 어려워진다. 사과의 힘은 필요성을 느꼈을 때 그 자리에서 즉시 해야만 효과가 있다는 깨달음도 얻었다. 또 사과하는 즉시 흔쾌히 받아준 사장의 태도를 보고 '연륜이 사과를 흔쾌히 받아주는 사장의 태도와 같구나.'라는 큰 깨달음을 얻은 하루였다. 사장은 용기있게 사과할 수 있는 내 모습에서 나와의 관계 개선을 기대했던 것 같다. 그 사건은 사장과 나의 관계가 솔직해지는 계기가 되었다. 이후 나는 직원들의 의견과 사장의 의견을 양쪽에 솔직하게 잘 전달함으로써 불필요한 오해를 줄여나갈 수 있었고 서로에 대한 솔직함은 상호신뢰할 수 있는 관계로 이어졌다. 그리고 그 신뢰는 조직을 이끄는 데 긍정적인 힘으로 작용해 바람직한 조직문화를 만드는 힘이 되었다.

맛있는 대화

눈에 보이는 대로의 삶, 사람, 사물, 문학, 음악에 관심을 가져라.
풍요로운 보물과 아름다운 영혼, 흥미로운 사람들로 넘쳐나는 세상에 가슴이 뛴다.
자신을 잊어라.
- 헨리 밀러

"동민 아버지, 애 용돈 좀 올려줘야 하는 거 아닙니까?"

"쓸데없는 소리 하지 말고 밥 먹자."

철 지난 이야기지만 한때 개그 프로그램에서 유행했던 '조용한 가족, 대화가 필요해' 코너의 대화 내용이다. 요즘 사람들은 학교생활, 직장생활, 집안 살림하느라 각자 바쁘다. 서로 얼굴을 볼 수 있는 유일한 시간은 식사시간이다. 그런데 이런 식사시간마저 별다른 대화도 없이 식사하는 데만 집중한다면 서글픈 비극이 아닐 수 없다. 밥상만큼 소중한 대화 장소도 없으므로 밥상 대화는 매우 중요하다.

나는 먹는 데 소극적이다. 어릴 때는 밥 대신 고농축 알약 몇 알만 먹으면 좋겠다고 생각할 만큼 먹는 데 무관심했다. 성인이 되어서는 일하는 것이 바쁘고 재미있어서 밥 먹는 것이 귀찮고 밥 먹는 시간도 아까웠다. 그런데 50대 중반을 넘긴 후 동네에 새로운 음식점이 생기면 꼭 답사를 가고 여행을 가서도 가장 중요한 미션 중 하나는 맛집을 찾아다니는 것으로 변했다. 물론 지금도 다른 사람들에 비해 먹는 것을 즐기는 편은 아니다. 그런데도 이렇게 맛집을 찾아다니는 것은 함께 간 사람들과 소중하고 즐거운 추억을 쌓기 위해서다. 맛집에서는 유독 대화가 풍성해진다. 맛집을 알게 된 사연, 맛집의 유명세와 메뉴 이야기뿐만 아니라 자연스럽게 일상의 고민과 관심사로 대화의 소재가 옮겨진다.

인기 드라마 〈호텔 델루나〉에서도 주인공들이 맛집을 찾아 다니며 서로 알아가는 내용이 나온다. 드라마〈식사를 합시다〉에서는 음식을 통해 위로와 희망을 전한다. 맛집을 매개체로 공통 관심사를 나누고 행복한 추억을 만드니 사람들에게 먹는 것은 정말 중요한 소재다. 이렇게 맛집을 찾아다니다가 인생 맛집을 만나면 너나 할 것 없이 하는 말이 있다. "다 먹고 살자고 하는 거 아니겠어? 자주 먹으러 오자."

화목한 가정은 밥상에서 웃음꽃이 핀다. 가족 간의 하루 일과와 좋았던 일, 속상했던 일을 서로 이야기하며 하루를 정리한다. 그러면서 가족 간에 정이 쌓이고 훗날 추억으로 남아 다음 대화 소재가 된다. 우리 집도 명절 때나 특별한 행사가 있을 때 온 가족이 한자리에 모이면 과거의 추억을 떠올리며 대화를 주고받는다. 이때 등장하는 대화의 소재는 대부분 먹는 것이다.

"아버지께서 살아계실 때 퇴근하면서 통닭 한 마리를 사오시면 온 가족이 둘러앉아 참 맛있게도 먹었는데 요즘은 그런 맛있는 통닭이 없어. 그렇지? 누나."

"아버지가 그때 통닭만 사오셨냐? 곰처럼 생긴 양주병을 들고 오셔서 한 잔씩 주셨잖아. 아버지가 미군 부대에서 사오신 거라고. 국내에는 없다고 하시면서."

"하하, 맞아! 그때 우리는 술을 먹을 줄도 모르는데 아버지가 주신 양주 한 잔씩 받아 마시고 취했었지. 하하, 재미있었지."

"그때 아버지가 우리를 모아 놓고 술 한 잔씩 주시면서 '잘 커줘서 고맙다. 혹시 필요한 거 없냐?'라고 말씀하셨지. 극장이나 맛있는 중국집에도 데려가 주셨는데…. 아버지 생각나네."

직장에서도 마찬가지다. 나는 직장 동료들과 함께 하는 점심시간이 최적의 대화시간이라고 생각하고 이런저런 이야기를 꺼낸다. 각자 바쁜 일정 때문에 업무시간에는 이야기할 시간이 거의 없기 때문이다. 그래서 점심시간에 나는 식사하면서 업무 진척 상황이나 혹시 문제가 있는지 확인하기도 했다. 그러면 직원들은 "부장님, 지금 점심시간이거든요.", "부장님이 일에 대한 열정이 오프되는 시간은 언제세요?", "부장님, 점심시간에는 일 이야기 좀 하지 마세요."라며 핀잔을 주었지만 그 핀잔으로 웃을 일이 생기고 또 하나의 대화 소재가 되었다. 직원들도 점심시간이 모두 모일 수 있는 유일한 시간이라는 것을 알기 때문에 어느 정도 이해해 주었지만 그래도 그런 말을 들을 때는 속으로 뜨끔했다. '아이고, 미안해라. 나더러 꼰대라고 하겠네. 하하!'

직장에서는 점심시간에 가끔 눈치를 볼 때도 있었다. 특히 직원들이 핀잔을 준 다음 날에는 조용히 밥만 먹었다. 일 이야기는 하나도 안 하고 직원들끼리 하는 말을 들어보려고 했다. 직원들은 최근 유행하는 드라마와 연예계 이슈로 시작해 각자의 일상 이야기로 대화가 끊이지 않았다. 크고 작은 웃음과 동의와 농담과 맞장구가 이어졌다. 그렇게 듣기만 했는데 그들의 대화 내용 중에 내가 알아들을 수 있는 것이 별로 없다는 것을 깨달았다. 당시 나는 챙겨보는 드라마가 없어 내용을 알지도 못했지만 뒤늦게 직원들의 대화에 끼어들기도 어색해 식사시간 내내 아무 말도 못하고 끝나는 경우가 많았다. 생각해보니 나는 업무 외에 직원들의 일상에서 공감대가 거의 없었다. 그동안 직원들에 대한 무심함에 스스로 놀라 아무 말도 못하고 반성의 숟가락질만 해댄 그 날의 점심시간은 왜 그렇게 길던지….

그 후 며칠이 지났는데 남편이 깔깔대며 '개그콘서트'를 시청하고 있었다. 평소 개그 프로그램을 안 보던 사람이라 신기해 "아니, 웬일이에요? 개그 프로그램을 다 보고?"라고 물었더니 남편은 "우리 회사 젊은 직원들이 개그콘서트 이야기를 하는데 도무지 알아들을 수가 있어야지. 그래서 보기 시작했는데 재미있네. 하하! 당신도 같이 보자고."라고 말하는 것이 아닌가. 그날 이후 남편과 나는 한동안 개그콘서트 애청자가 되었다. 물론 그 작은 노력으로 젊은 직원들의 대화를 모두 알아들을 수 있었던 것은 아니지만 시간을 내 이런저런 TV 프로그램을 보면서 가끔 직원들이 웃을 때 나도 따라 웃어주는 수준이 되었으니 그나마 다행이다.

진실한 소통은 상대방에 대한 관심에서 시작된다. 그리고 상대방과 함께 뭔가를 먹는 행위는 서로에 대한 경계심을 풀고 편안한 상태가 되게 해준다. 함께 즐기는 향기로운 티타임이나 맛있는 밥상을 마주하고 사람들과 공통 관심사를 나누고 일상을 공유해보자. 진실한 대화의 세계로 안내해줄 것이다.

Chapter

5

세상에 완벽한 사람은 없다

2018년 『하버드 비즈니스 리뷰』 3, 4월호에서 회사를 그만두는 진짜 이유로 '인간관계의 어려움'을 최상위 순위로 꼽았다. 그만큼 직장생활에서 다른 직원들과 좋은 관계를 유지하는 것이 중요하다. 그런데 직장에는 좋은 사람만 있는 것도 아니고 자신과 잘 맞는 사람만 있는 것도 아니다. 따라서 직장에서 좋은 인간관계를 유지하려면 꾸준한 노력이 필요하다. 이런 노력에는 상대방에 대한 관심, 칭찬, 긍정적 표현 등이 포함된다고 한다.

스티븐 코비는 인간의 감정을 은행에 비유했다. 사람들은 마음이라는 통장을 개설하고 감정이라는 금액을 쌓는다. 통장 잔고는 대인관계에서 신뢰 양과 같다. 긍정적인 감정은 입금되어 마음 통장에 잔고가 쌓이고 상대방에 대한 잔고가 많은 사람일수록 신뢰 관계를 형성한다. 부정적인 감정은 인출로 마음 통장에 쌓여 있던 잔고가 인출되고 신뢰에 손상이 생긴다. 이처럼 통장 잔고에 따라 마이너스 통장이 될 수도 있다.

세상에 완벽한 사람은 없다. 누구나 실수를 한다. 실수는 감정 계좌의 잔고를 바꾼다. 실수 정도에 따라 '그 정도는 괜찮아. 이해할 수 있어.'라고 인출이 없을 수도 있지만 큰 실수를 저지른다면 동시에 큰 인출이 발생한다. 잔고가 많아 신뢰가 쌓인 사람은 실수에 대한 인출이 발생해도 잔고가 남을 가능성이 있다. 잔고인 신뢰 액수가 적거나 0원이면 실수한 사람에 대한 감정은 마이너스가 될 가능성이 높다. 마이너스 관계는 신뢰를 잃은 관계이고 회복하기 힘들다. 그러므로 평소 마음 통장에 많이 입금하는 행동과 태도를 유지해야 한다.

감정 잔고 쌓기

말하기의 반대는 듣기다. 말하기의 반대는 기다리는 것이다.
- 레보비츠

조직은 두 명 이상이 공동 목표로 각자의 업무를 분담해 함께 협력하는 장소다. 구성원마다 맡은 역할과 목표가 정해져 있고 그 목표를 모으면 회사가 달성해야 할 전체 목표가 된다. 이것이 한 방향으로 잘 정리되어 있으면 체계적이고 훌륭한 조직이고 정렬되어 있지 않으면 조직 결집력이 약해진다. 그래서 조직의 설립 목적과 비전이 중요하다. 조직의 미션과 비전은 구성원들이 나아갈 방향과 추구하는 가치를 알려준다. 급변하는 환경 속에서 나침반이 되어 준다.

현대인들은 대부분 조직생활을 한다. 그렇다면 어떤 조직이 좋은 조직이고 직장을 선택할 때 중요한 고려 요소는 무엇일까? 먼저 나와 회사의 목적 궁합을 살펴봐야 한다. 이것은 내가 일을 통해 이루려는 가치와 그 조직의 설립 가치가 같은 방향인지 살펴보는 것이다. 분명한 것은 자신의 적성에 맞는 조직을 선택하는 것이 가장 중요하다는 것이다. 조직에서 원하는 바를 이룰 수 있고 성취감을 맛볼 수 있다면 조직생활 만족도는 높아진다. 조직의 목적과 상관없이 혼자만 만족하면 불일치가 발생해 조직생활을 오랫동안 유지하기 어렵다. 서로 목적이 일치해야 조직생활을 할수록 자신의 가치도 높아지고 조직 발전에 기여할 수 있다.

두 번째는 함께 일할 사람들을 잘 관찰해야 한다. 즉, 조직문화를 알아보는 것이다. 사람이 모이면 구성원들이 선호하거나 목적 달성에 필요한 행동을 하게 되고 그런 행동이 모여 문화를 만든다. 조직문화는 조직이 추구하는 목적의 영향을 받는다. 조직문화는 그 조직에서 톱다운(top-down) 방식으로 제시할 때도 있지만 구성원들의 성향과 태도를 보면 짐작할 수 있다. 수직적 문화인지, 수평적 문화인지, 관계지향적 문화인지, 생산성 중심 문화인지, 혁신문화인지, 능률 중심 문화인지 철저히 파악해야 한다.

한 직장에 오래 다니는 것은 결코 쉬운 일이 아니다. 베이비부머 세대는 평생직장을 미덕으로 삼았지만 최근 직장생활은 이 개념이 희박해졌다. 시대 변화와 회사 사정, 피치 못할 개인사정 때문에 직장생활을 그만둘 수도 있다. 조직 내부에서 겪는 인간관계 때문에 어려움을 겪는 경우도 많다.

2018년 『하버드 비즈니스 리뷰』 3, 4월호에서 회사를 그만두는 진짜 이유로 '인간관계의 어려움'을 최상위 순위로 꼽았다. 그만큼 직장생활에서 다른 직원들과 좋은 관계를 유지하는 것이 중요하다. 그런데 직장에는 좋은 사람만 있는 것도 아니고 자신과 잘 맞는 사람만 있는 것도 아니다. 따라서 직장에서 좋은 인간관계를 유지하려면 꾸준한 노력이 필요하다. 이런 노력에는 상대방에 대한 관심, 칭찬, 긍정적 표현 등이 포함된다고 한다.

스티븐 코비는 인간의 감정을 은행에 비유했다. 사람들은 마음이라는 통장을 개설하고 감정이라는 금액을 쌓는다. 통장 잔고는 대인관계에서 신뢰 양과 같다. 긍정적인 감정은 입금되어 마음 통장에 잔고가 쌓이고 상대방에 대한 잔고가 많은 사람일수록 신뢰 관계를 형성한다. 부정적인 감정은 인출로 마음 통장에 쌓여 있던 잔고가 인출되고 신뢰에 손상이 생긴다. 이처럼 통장 잔고에 따라 마이너스 통장이 될 수도 있다.

세상에 완벽한 사람은 없다. 누구나 실수를 한다. 실수는 감정 계좌의 잔고를 바꾼다. 실수 정도에 따라 '그 정도는 괜찮아. 이해할 수 있어.'라고 인출이 없을 수도 있지만 큰 실수를 저지른다면 동시에 큰 인출이 발생한다. 잔고가 많아 신뢰가 쌓인 사람은 실수에 대한 인출이 발생해도 잔고가 남을 가능성이 있다. 잔고인 신뢰 액수가 적거나 0원이면 실수한 사람에 대한 감정은 마이너스가 될 가능성이 높다. 마이너스 관계는 신뢰를 잃은 관계이고 회복하기 힘들다. 그러므로 평소 마음 통장에 많이 입금하는 행동과 태도를 유지해야 한다. 이를 위해서는 다음과 같은 질문이 중요하다.

- 동료의 감정 계좌에 당신의 잔고가 어느 정도 있기를 희망하는가?
- 잔고가 많이 쌓이길 바란다면 어떡해야 하는가?
- 당신의 감정 계좌에 신뢰 잔고가 많은 사람은 누구인가?

감정 계좌에 예입하는 것은 친절과 예절과 관련 있다. 약속을 잘 지키고 기대를 충족시켜 주는 것도 예입으로 이어진다. 성숙한 성품은 인간관계에서 중요한 역할을 한다. 매일 만나는 상사나 동료 누구라도 감정 계좌를 잘 관리하고 액수를 늘리는 것이 중요하다. 그래야만 큰 실수가 있더라도 감정 계좌의 잔고가 유지될 수 있다.

상대방에 대한 관심은 관찰로 이어진다. 이때 상대방을 관찰한 결과를 표현하는 것이 가장 중요하다. 가능하면 긍정적인 표현이나 칭찬이 좋다. 아무리 눈을 씻고 살펴봐도 칭찬할 것이 없다면 안 해도 된다. 일로 예민하게 얽힌 사람에게 억지로 하는 칭찬은 오히려 독이 될 수 있기 때문이다. 직장생활에서 자신의 업무와 직접적인 관련이 없는 사람에게도 관심 표현은 필요하다.

인간관계는 돌고 돌아 자신이 공을 들인 만큼 결국 자신에게 돌아오기 마련이다. 가능하면 평소 많은 사람에게 긍정적인 감정을 입금해두는 것이 좋다. "선생님, 오늘 화사해 보이세요.", "헤어스타일 바뀌셨네요." 이처럼 소소한 관찰 표현도 괜찮다. 당신이라면 자신에게 관심을 보여주고 좋은 말을 해주는 사람을 미워하겠는가? 물론 통장 잔고가 마이너스라서 평소 못마땅한 사람이 그렇게 말한다고 바로 통장 잔고가 쌓이는 것은 아니다.

하지만 처음에는 무덤덤하게 넘기지만 계속 진솔하게 표현한다면 상대방의 마음 통장에 잔고가 서서히 쌓일 것이다.

누구나 직장에서 인정받고 싶어한다. 다급한 프로젝트가 있어 담당자에게 초안을 맡겼다. 담당자는 열심히 준비해왔는데 상사인 내가 보기에 미흡하다면 어떡하겠는가? 담당자의 수고에 대한 언급도 없이 틀린 부분만 지적하겠는가? 아니면 자리로 돌아가는 직원에게 "수고했어요!"라고 한마디 할 것인가? 상사는 일반적으로 부하 직원들이 열심히 하는 것은 기본이고 잘해야 한다고 주장하므로 칭찬에 인색한 편이다. 직원들은 잘해보려고 시간과 정성을 들여 최선을 다했는데도 과정은 무시당하고 결과만 지적받으면 섭섭하고 의기소침할 것이다. 그러니 이제 서로에게 감정 잔고를 쌓기 위해 노력하자.

"제가 조금 부족한 부분이 있습니다. 더 열심히 준비해 다음에는 더 나아지도록 하겠습니다"

"열심히 하는 거 다 알아요. 수고했어요. 다음에는 우리 더 멋지게 만들어봐요. 힘냅시다!"

커피 한 잔과 시어머니

사람의 인격은 그가 나누는 대화를 통해 알 수 있다.
- 메난드로스

사회복지 현장에서 어르신들께 제공하는 여러 서비스 중 정서 서비스는 만족도가 높다. 정서 서비스는 어르신들에게 말벗이 되어 주거나 함께 나들이도 가는 복지 서비스다. 어르신들은 평소 이야기할 상대가 없어 외로워하신다. 특히 명절에 혼자 지내시는 어르신들은 소외감을 더 많이 느끼므로 자원봉사자들이 집을 방문해 함께 시간을 보내면 매우 좋아하신다.

특별한 목적 없이 그냥 이야기하는 것만으로 마음이 풀릴 때가 있다. 내 마음을 알아주지 않아도 좋다. 그냥 이야기를 들어 주는 사람이 하나 있다는 것만으로도 충분하다. 복지 대상자의 상황만 그런 것이 아니다. 가족이 있는데도 대화가 그리운 소외된 사람이 있을 수도 있다.

나는 시어머니를 매우 존경하고 잘 따랐다. 고부간 갈등은 전혀 느끼지 못할 만큼. 이렇게 말하면 못 믿는 사람이 많겠지만 정말 그랬다. 시어머니는 시아버지께서 돌아가신 후 혼자 살아온 세월이 꽤 길었는데도 서울은 답답하다며 시골에서 혼자 살고 싶어하셨다. 그렇게 몇 해가 지났을까…. 기운도 없고 추운 겨울을 혼자 지내기에는 이제 외로움을 달랠 길이 없으셨던 걸까? 어머니는 겨울 동안만이라도 서울 아들네 집에 머물고 싶어하셨다. 그때부터 시어머니의 서울 생활이 시작되었다. 당시 우리 집은 단독주택이라서 시어머니는 옥상에 텃밭을 일구고 각종 야채를 가꾸셨다. 어머님 덕분에 우리 집은 항상 싱싱한 야채로 식탁이 풍성했다.

70 평생 시골에서 농사만 지으며 사신 시어머니는 서울에 친구가 있을 리 만무했다. 유일한 친구라고는 근처에 사는 사돈 내외가 전부였는데 언제부터인지 시어머니는 사돈 내외와 아침마다 의료기 판매장을 다니셨다. 동네 의료기 판매장은 세상 물정

모르는 노인들을 대상으로 의료기 체험에 각종 간식을 제공하면서 고가의 옥장판이나 안마기를 판매하는 전시장이었다. 시어머니는 의료기 체험도 하고 기념품도 받고 찜질도 받고 사돈과 매일 의료기 매장을 투어하셨다. 의료기 매장을 다녀온 나머지 시간에는 집안일과 옥상 농사 그리고 틈틈이 책을 읽으셨다. 남편과 나는 직장생활 하느라 늦게 들어오는 날이 많아 시어머니의 말 상대라고는 어린이집에서 돌아오는 손녀딸뿐이었다.

나는 업무가 없는 토요일에는 무척 게으름을 피웠다. 직장생활을 핑계로 토요일에는 해가 중천에 뜰 때까지 늦잠을 잤다. 다행히 복층이었던 우리 집 구조 덕분에 시어머니는 아래층에 있는 나를 깨우거나 참견한 적이 없었다. 예나 지금이나 커피를 정말 좋아하는 나는 잠에서 깨면 항상 커피를 마셨는데 늦잠 잔 것이 민망해 위층에 계신 시어머니께 올라갈 때는 항상 "어머니, 커피 드실래요?"라며 아침 인사를 대신했다. 그때마다 시어머니는 "그래, 먹자!"라며 항상 흔쾌히 동의하셨다. 직장생활이라는 핑곗거리도 있지만 음식이나 집안 살림에 서툰 나는 간단히 떡이나 감자로 아침 겸 점심을 준비했다. 시어머니는 식사가 소홀하다며 나를 타박하실 만도 한데 그런 내색이라고는 전혀 안 하셨다. 커피를 마실 때마다 어머니도 함께 드실지 여쭈면 어머님은 항상 함께 드신다고 하셨다. 어머님은 내가 커피를 권할 때마다 거절하신 적이 한 번도 없었다. 지금 생각해보니 나에 대한 어머님의 작은 배려였던 것 같다.

커피 두 잔을 사이에 두고 시어머니와 나는 마주 앉아 둘만의 대화 시간을 가졌다. 대화라고는 하지만 실제로는 시어머니가 많이 외로우셨는지 거의 모든 시간 동안 이야기하고 나는 주로 듣는 편이었다. 다행인 것은 내가 듣는 것을 좋아한다는 것이었다. 누구와 이야기하든 나는 잘 듣는 편이어서 사람들은 나만 보면 오랫동안 이야기하곤 한다. 그래서인지 어머니와 나는 한 번 이야기를 시작하면 오전부터 해질 때까지 끝날 줄 몰랐다. 그렇게 시간 가는 줄 모르고 시어머니와 이야기 나누다 보면 남편이 퇴근해 집에 올 시간이 된다. 남편은 책 읽기를 좋아하는 시어머니를 위해 어머니가 좋아할 만한 책을 가끔 사 들고 들어왔다. 남편의 귀가로 우리의 대화가 끝나면 그제서야 시어머니와 나는 저녁식사 준비를 시작했다.

시어머니와 내가 나눈 대화라고 해봐야 특별하거나 심각한 내용은 아니었다. 대화 내용은 대부분 어머니의 삶 이야기였다. 젊은 시절 가난하게 살았던 이야기, 집안 문중 어르신 이야기, 시골 동네 이웃집 이야기, 밤 농사와 담배 농사 이야기, 어릴 때부터 잔병치레가 잦았던 큰아들 이야기, 울산에 사는 딸 이야기

등 소소한 옛날 이야기였다. 나는 가끔 '아, 그랬군요!', '어머, 정말 그랬어요? 정말 고생하셨네요!' 정도의 맞장구만 쳤을 뿐이다. 그것으로 충분했다. 그렇게 추임새를 넣으며 어머니의 이야기 메들리를 듣고만 있어도 해질녘까지 대화가 끊길 줄 몰랐다. 사실 나는 어머니의 이야기를 다 알아듣지는 못했다. 서울 토박이인 나는 시골에 대해 잘 모른다. 어려운 문중 어른 이야기나 시골 이야기는 아무리 들어도 생소했고 듣고 돌아서면 곧 잊어버렸다. 그래도 토요일만 되면 어머니와 마주하고 오랜 시간을 함께 보냈다.

가만히 듣는 것도 대화다. 뭔가 반드시 대단한 가르침을 주거나 지식을 제공해야 하는 것이 아니다. 다만 이야기를 들어줄 상대방이 필요할 때는 그냥 듣고만 있어도 된다. 들을 때는 상대방 쪽으로 몸을 조금 기울여 관심을 보여주면 더 좋다. 가끔 눈을 마주치고 고개를 끄덕여주는 것만으로도 충분하다.

소중한 사람의 소중한 것들

항상 만나는 사람이 가장 소중한 사람이다. 그를 대하는 마음이 내 행복을 결정한다.
가장 가까운 사람을 가장 귀하게 여기고 감사를 표현하는 것이 행복의 비결이다.
- 김필수의 『행복을 부르는 마술 피리』 중에서

"사랑받고 컸구나. 사랑받고 컸어!"

사회 초년생 때의 일이다. 내 직속 상사는 타 기관 업무를 겸직해 자리를 비우는 날이 많았다. 그러다 보니 결재가 자주 늦어져 업무가 지연될 때가 많았다. 복지관에서 국제 세미나 행사를 앞두고 준비가 한창이었는데 아무리 기다려도 상사의 회신은 오지 않고 준비 마감시간은 다가오고 있었다. 급한 마음에 사전에 개략적으로 논의된 행사 계획을 추진했다.

한창 일이 진행 중인데 상사로부터 연락이 왔다. 행사 관련 기업과 단체 등 대외적인 사안이 복잡하게 얽혀 빨리 회신하지 못했다는 내용이었다. 하지만 상사는 최종 확인 없이 일 처리한 데 많이 화난 모습이었다. 상사는 자신의 회신이 늦어져 승인 없이 일을 진행한 것이라 심하게 꾸짖지는 못했지만 진행된 일들이 마음에 안 들어 속상해하는 눈치였다. 한참 불편한 기색이던 상사는 진행된 서류를 말없이 보더니 한마디했다. "오 선생, 사랑받고 컸구나. 사랑받고 컸어!" 그 순간 나는 멈칫했다. 그 말의 숨은 뜻은 '누가 네 마음대로 하라고 했어!'라는 뜻이었기 때문이다.

사랑받은 사람은 칭찬받고 인정받는 환경에서 성장한 사람이다. 그들은 일할 때 대체로 긍정적이고 자신감이 넘친다. 그동안 하던 일에 제재를 받거나 안 된다는 소리를 들은 경우가 적어 자신있게 모든 일을 대한다. 그런데 그런 자신감이 지나치면 자신이 원하는 방식대로 일을 처리하는 경우가 생긴다. 나는 여러 가지로 고민이 많았던 상사의 입장이나 정황은 고려하지 않은 채 내가 옳다고 생각하는 방향으로 일을 추진했으니 상사가 그렇게 말한 것이다.

이제 나도 한 복지관 관장으로 근무하다 보니 가끔 사랑받고 성장한 부하직원들을 만나게 된다. 얼마 전 한 직원이 찾아와 복지관의 비전을 더 구체적으로 제시해줄 것과 더 매력적인 복지관이 되기 위해 기관 차원에서 어떤 노력을 할 것인지 자신에게 밝혀 달라고 열변을 토하고 내 말은 듣지도 않은 채 자기 자리로 돌아가 버렸다. 그때 폭풍 같은 여운으로 내 머릿속에 떠오른 말은 내가 사회 초년생 시절 상사로부터 들었던 "이 친구, 사랑받고 컸구나!"였다. 그 직원이 당당하게 자기 자리로 돌아가는 뒷모습을 보며 귀여운 생각이 들어 웃음이 나왔다. 나는 조만간 그 직원과 대화를 해야겠다고 생각했다.

사람은 자기 입장에서 일하고 대화한다. 하지만 내게 중요하고 의미 있는 일이 상대방에게도 반드시 중요하고 의미 있는 일은 아니다. 그런데 우리는 이 사실을 자꾸 잊어버린다. 내게 소중한 사람이 상대방에게는 소중한 사람이 아닐 수도 있다. 누군가와 좋은 관계를 유지하고 싶다면 상대방이 중요하게 여기는 일이나 소중하게 생각하는 사람에 대해서도 관심을 기울여야 한다. 상대방을 유심히 관찰하다 보면 그것들이 보일 것이고 그것을 인정하는 것을 넘어 가치 있게 생각해줄 수 있어야 한다.

내 친구가 소중히 여기는 사람이 있다. 내 친구가 그를 알게 된 자세한 내막은 모르지만 내 친구는 그분을 '선생님'이라고 부른다. 어느 날 그 선생님의 아버지가 요양원으로 가셔야 하는 상황인데 마음에 드는 요양원을 찾기 어려워 애를 먹고 있었다. 마음에 들면 집에서 너무 멀었고 시내 요양원들은 빈자리가 없어 오래 기다려야 했다. 그러다 보니 그 선생님은 적당한 요양원에 자리가 생길 때까지 집에서 아버지를 모시느라 많이 지쳐 있었다. 내 친구는 선생님의 상황이 너무 안타까워 아는 요양원이 있는지 내게 물어왔다. 때마침 괜찮은 요양원을 알고 있어서 선생님의 아버님은 입소할 수 있었다. 다행히 시설과 서비스에 매우 만족해하셨다. 나는 요양원 원장님께 감사 인사를 드렸다. 원장님은 아버님이 운이 좋으셔서 금방 자리가 난 것이니 자신에게 고마워할 일은 아니라고 하셨다. 얼마 후 내 친구는 내게 찾아와 고맙다고 했다.

"아냐, 그분이 운이 좋으셨어."

"그런데 너는 그 선생님을 참 소중히 생각하더라. 네게 소중한 사람이면 내게도 소중한 사람이야."

이렇게 말을 하고 나니 조금 쑥스러웠다. 하지만 내 진심이었다. 친구도 내 말을 진심으로 받아주는 것 같았다. 내 마음은 더없이 뿌듯했다. 그때 다시 생각했다. 내게 소중한 사람이 소중히 여기는 것까지도 소중히 대해주어야 한다는 것을.

온 힘을 기울여 듣기

깊이 듣고 다정하게 말하는 것이 커뮤니케이션 기술이다.
다정하게 말하는 데는 돈이 안 든다.
- 베트남 속담

대화는 감정을 쌓이게도 하고 풀어지게도 한다. 대화를 어떻게 하느냐에 따라 일이 꼬이거나 술술 풀리기도 한다. 대화할 때는 직선적으로 말하기도 하고 은유적으로 하기도 한다. 어떤 대화는 매우 진중하고 또 어떤 대화는 매우 경쾌하다. 대화에는 다양한 형태가 있으며 거기에 담긴 정서도 매우 다양하다. 따뜻한 대화와 차가운 대화, 진실한 대화와 가식적인 대화, 날카로운 대화와 부드러운 대화, 공감이 가는 대화와 공허한 대화, 쉽게 꺼내기 어려운 대화와 일상적인 대화, 기쁨이나 용기를 주는 대화와 분노와 좌절을 주는 대화, 일방적인 대화와 쌍방의 대화, 어려운 대화와 쉬운 대화 등 셀 수가 없다.

대화란 무엇인가? 사전적으로는 '마주 대해 이야기를 주고받는 것'이다. 그러므로 '대화'(Dialogue)나 '의사소통'(Communication) 중 의사소통에 해당하는 것이 대화다. 대화는 그리스어 다이아(통하여) + 로고스(말)가 어원이므로 대화, 독백, 방백, 침묵을 모두 포함하지만 독백을 말하는 경우가 대부분이다. 의사소통은 구어(oral language)나 문어(written language)를 통한 언어적 요소는 물론 몸짓, 자세, 얼굴 표정, 눈 맞춤, 목소리, 억양 등의 비언어적 요소를 통해서도 이루어질 수 있다. 즉, 생각이나 감정 등을 교환하는 총체적 행위다. 의사소통의 어원은 라틴어의 '나누다'를 의미하는 'communicare'다.

다양한 대화 중 진실한 대화는 서로에게 깊은 신뢰와 편안함을 준다. 상대방에 대한 배려 있고 공감적인 대화는 사람의 마음을 움직인다. 품격 있는 대화는 건강한 관계를 강화시키며 거짓되거나 좌절을 주는 대화는 깊은 슬픔과 분노를 일으키기도 한다. 이처럼 어떤 대화는 말로써 사람을 죽이거나 살리기도 한다. 그만큼 대화는 중요하다.

대화에서 듣기는 가장 중요한 수단이자 방법이다. 듣기에는 3가지가 있다. 가장 높은 차원의 듣기는 '공감적 듣기'다. 공감적 듣기는 말하는 사람의 속마음까지 함께 헤아리는 것이다. 다음 단계는 '이성적 듣기'로 감성이 배제되고 머리로만 냉철히 듣는 것이다. 가장 낮은 단계는 '듣는 척'하는 것이다. 눈은 상대방을 보고 있지만 머리로는 대화와 상관없는 다른 생각을 하는 것이 '듣는 척'이다. 상대방의 말을 경청하지 않고 듣는 척하는 것은 상대방도 어느 정도 느낄 수 있으므로 불쾌함을 유발할 수 있다.

잘 들으려면 대화에 집중해야 한다. 하지만 대화할 때 집중하는 것은 말처럼 쉽지 않다. 특히 자신의 입장에서 중요하지 않은 이야기는 집중하기 더 어렵다. 이때 발생하는 현상이 '선택적 듣기'다. 상대방의 이야기 중 듣고 싶거나 관심 있는 이야기만 듣는 것이다. 이런 듣기 유형은 일상생활에서 자주 경험하게 된다. "내가 지난번에 이야기했잖아!", "응? 언제? 언제 그런 말을 했어? 들은 기억이 없는데?" 이와 같은 대화를 자주 하는 편이라면 자신이 '선택적 듣기'를 하는 경향이 있다고 할 수 있다.

이와 달리 공감적 듣기를 '경청'이라고 한다. 경청은 상대방이 전달하려는 말의 내용은 물론 그 내면에 잠재된 동기나 정서까지 귀 기울여 듣는 것이다. 『화성에서 온 남자, 금성에서 온 여자』의 저자 존 그레이는 "경청하는 방법 중 가장 좋은 것은 아무 비난 없이 있는 그대로 들어주는 것"이라고 했다. 판단이나 충고, 질문, 해석 등의 반응을 보이지 말고 수용하는 자세가 경청의 가장 좋은 자세라고 말한다. 상대방의 이야기를 있는 그대로 수용하는 자세로 경청하는 대화는 마음속 깊은 대화, 진실한 대화로 우리를 안내한다. 자신의 모든 신경세포와 정신을 기울여 상대방에게 집중하는 경청은 상대방에 대한 존중의 표현이므로 그 행위만으로도 치유적인 힘을 발휘할 수 있음을 잊지 말자.

아이들의 시선으로

말하기의 반대는 듣는 것이다. 말하기의 반대는 기다리는 것이다.
- 레보비츠

대학원에서 강의할 때의 일이다. 강의가 끝나가는 시간에 한 학생이 어렵게 내게 고민을 털어놓았다. 그녀는 청소년 분야에서 선생님으로 일하고 있는데 아이들에게 좀 더 전문적으로 도움을 주고 싶어 대학원에 진학했다고 했다. 그런데 뜻밖에도 가르치는 일을 그만두어야 할지 심각하게 고민 중이었다. 그녀의 고민 속에서 아이들에 대한 서운하고 아쉬운 감정이 묻어났다.

"요즘 학생들은 정말 너무 말을 안 들어요. 해도 너무해요.

숙제를 안 해오는 것은 당연하고 제가 뭐라고 하면 딴짓만 해요. 쳐다보지 않을 때도 있어요. 그나마 그런 태도는 이해한다고 쳐도 아무 말도 없이 공부방에 나오지 않는 애도 있어요. 걱정되어서 전화를 하면 받지도 않아요. 문자를 보내도 답이 없고요. 이런 것 때문에 제가 불만을 이야기하면 저만 이상해져요. 교수님, 아예 아무 말도 하지 말아야 하나요? 우리 클 때는 상상도 못한 일이잖아요. 저는 아이들을 이해하려고 정말 노력하는데 이렇게까지 노력하는 게 맞는지 의문이 들어요. 언제까지 어디까지 얼마나 더 이해해야 하는지 정말 모르겠어요. 제가 잘못된 것인지, 아이들이 잘못된 것인지… 너무 속상하고 혼란스러워요."

현재 청소년 공부방에서 아이들을 지도하고 있다는 그녀는 부드럽고 너그러운 이미지였다. 차분한 성격에 학생들이 편하게 다가올 것 같은 따뜻한 성품의 소유자였다. 엄마 같은 마음으로 아이들을 돌보며 청소년 공부방을 시작했는데 지금은 마음이 너무 힘들고 지친 상태라고 했다. 선생님의 표정에서 아이들에 대한 사랑과 안타까운 마음을 읽을 수 있었다.

공부방은 주로 저소득층 가정의 아동이나 청소년들이 학습할 수 있도록 지원하는 장소다. 공부방에 오는 학생 중 일부는 싫지만 억지로 나오는 학생도 있다. 공부습관이 들지 않은 학생도 많아 선생님의 애타는 마음이 충분히 이해되었다. 그녀의 애타는 심정을 들은 주변 사람들은 "선생님, 그래도 좀 더 참고 견뎌봐요. 요즘 애들 다 그래요."라는 격려를 보내거나 "선생님, 정말 힘드시겠어요."라고 위로의 말을 건넸다고 한다. 하지만 여전히 근본적인 문제가 남아 있어 그녀는 수업이 끝난 후 내게 고민을 털어놓은 것이다. 전후 사정을 듣고 나는 선생님에게 "선생님, 정말 힘드시겠어요. 그런데 생각을 한 번 바꿔보시면 어때요?"라고 제의했다. 그녀는 아이들에게 너무 많은 것을 가르치고 싶어했다. 아이들이 올바로 성장하도록 도와주고 싶어했다. 그러다 보니 그녀는 아이들 방식이 아닌 자기 방식대로만 아이들에게 다가간 것이다.

요즘 그녀는 아이들이 자신이 클 때는 상상도 못할 무례한 행동을 아무렇지도 않게 한다고 섣불리 판단하고 있었다. 심지어 요즘 아이들은 자신의 잘못에 대한 염치나 반성도 없다며 한탄했다. 그러니 그녀의 눈에 요즘 아이들은 예의도 없고 책임감도 부족하고 문제투성이로 보인 것이다. 아이들을 그런 시선으로 바라보는 그녀가 학생들을 대할 때 온화하고 너그러울 리 없었다. 그렇다고 선생님의 생각과 가치관이 잘못된 것일까? 아니다. 그렇다면 아이들의 태도가 옳은 것일까? 그것도 아니다. 그러므로 내가 그녀에게 제안한 것은 선생님과 아이들의 생각과 태도에서 발생하는 차이를 줄이기 위해 아이들이 왜 그런 행동을 하는지 관찰해보는 과정이 필요하다는 것이었다.

상대방을 충분히 이해하려면 상대방의 태도와 반응에서 한 걸음 더 들어가 마음 상태를 보는 단계가 필요하다. 이 단계는 아이들보다 지도하는 선생님이 먼저 헤아려야 한다. 내가 아닌 아이들의 입장에서 곰곰이 생각해보면 그들을 이해할 수 있는 부분이 많아진다. 물론 모든 것을 이해할 수는 없을 것이다. 하지만 서로 관계를 개선하려면 조금씩 조금씩 알아가는 과정이 필요하다. 느긋한 템포로 대화하고 상대방 입장을 살펴보는 열린 마음과 기다림이 중요하다. 상대방이 이해되면 그를 향한 나의 태도나 사용하는 언어, 말투와 눈빛까지도 부드럽게 변한다. 상대방에게 따지고 질책하고 추궁하는 태도는 줄어든다. 그 결과, 상대방을 대하는 전체적인 접근 방법과 태도가 달라진다.

사람은 새롭거나 특별한 경험을 했을 때, 지금까지 가지고 있던 사고방식이 변할 수 있는 '뇌의 가소성'을 지니고 있으므로 아이들이 특별한 경험을 할 수 있도록 시간을 두고 조금씩 조금씩 관찰하고 다가가야 한다. 더구나 아이들에게 선생님과의 경험은 부모 못지않게 특별한 경험을 하는 관계이므로 더 느긋하게 여유를 갖고 신중하고 너그럽게 아이들을 대해야 한다. 그래서 선생님이라는 직업은 힘들고 위대한 것이다.

결혼에 대한 예의

행복의 비결은 필요한 것을 얼마나 갖고 있는가가 아니라
불필요한 것에서 얼마나 자유로운가를 말하는 것이다.
- 법정 스님

40~50년 전만 하더라도 결혼할 때 배우자 선택권은 부모와 집안 어른들에게 있었다면 상상이 가는가? 지금은 상상조차 못 하지만 부모님 세대 때는 그랬다. 연애도 자유롭지 않았고 배우자 선택권도 없었으니 어른들 중매로 정한 배우자와 수줍고 서먹서먹한 결혼생활을 시작하는 것은 오래 전 일이 아니었다. 서로 잘 모르는 낯선 결혼생활도 한두 해 지나면서 믿음이 깊어지고 사랑도 쌓이면서 그럭저럭 가정을 꾸려갈 수 있었을 것이다.

때로는 다툼도 있지만 시간이 지나면서 애틋한 마음으로 상대방의 단점을 덮어주고 살아온 것이 부모님 세대의 결혼생활이었으리라.

결혼은 당사자 두 명이 가장 중요하지만 현재의 결혼 풍습이 바뀌었더라도 둘만 생각하면 안 된다. 둘이 어릴 때부터 보고 익혀온 양가 생활양식과 문화가 결혼을 통해 교류되기 때문이다. 결혼과 동시에 당사자 두 사람의 관계뿐만 아니라 더 많은 관계가 형성된다. 며느리, 사위 등의 호칭이 생기고 처남, 매부, 시누이, 장인, 장모, 시부모, 친가, 외가 등 새로운 관계가 형성된다. 그러니 결혼은 당사자는 물론 가족의 의견과 영향을 완전히 배제할 수는 없다.

결혼은 새로운 관계가 형성되는 동시에 둘만의 독립적인 상태로 변화한다. 성숙한 성인으로서 새로운 가정을 꾸린다. 본가로부터 물리적, 정신적, 경제적 측면에서 독립된 자리가 만들어진다. 각자의 생활양식과 문화를 조율하면서 자신들만의 문화를 만드는 것이 결혼이므로 결혼은 당사자 두 사람의 의지와 결정이 가장 중요하다.

최근 결혼관과 풍습이 많이 바뀌었다. 2012년 이후 7년 연속 혼인비율이 감소하고 있고 1972년 이후 46년 만에 혼인 건수가 최저치를 기록했다는 통계청 발표만 보더라도 최근 결혼관이 많이 변했음을 알 수 있다. 그동안 성인 남녀의 결혼은 당연한 것이었다. 키워주신 부모님에 대한 도리이자 의무로 받아들여졌고 적령기에 결혼을 안 하면 뭔가 흠이 있는 것으로 생각하던 시절도 있었다. 요즘 결혼연령은 높아졌지만 결혼은 필수가 아닌 선택이 되었다. '연애는 필수, 결혼은 선택'이 더이상 낯설지 않다. 그럼에도 결혼이 인생의 새로운 전환점인 것은 분명하므로 결혼 고민을 할 때 다음 질문들을 반드시 확인해야 한다.

첫째, 왜 지금 결혼하려고 하는가? 사랑하는 사람이 생겨서, 부모님의 권유로, 현재의 어려운 생활에서 벗어나고 싶어서, 결혼할 나이가 되어서, 가족이 필요해서, 안정적인 생활을 위해서 등 결혼을 생각하는 이유는 다양하다. 결혼은 성숙한 성인 남녀가 새로운 가정을 만드는 것이므로 그에 따른 책임과 의무가 생기니 타인의 눈치에 밀려 결혼을 선택하거나 현재 처한 상황에서 벗어나기 위한 도피적 선택은 바람직하지 않다. 사회적 지위를 변화시키기 위한 도구로 사용해서도 안 된다. 결혼은 온전히 자유의지에 의한 자발적 결정이어야 한다. 언제 누구와 결혼하느냐도 중요하지만 자신의 성숙도와 내면의 소리를 진솔하게 듣는 것이 더 중요하다.

둘째, 왜 그 사람과 결혼하려고 하는가? 딸아이가 결혼하고 싶은 사람이 생겼다며 남자친구를 만나 달라고 부탁했다. 직장에서도 종종 결혼 고민 상담 요청을 할 때가 있다. 그럴 때마다 당사자에게 내가 맨 먼저 묻는 질문은 '왜 그 사람과 결혼하고 싶어요?'다.

"왜 그 사람과 결혼하고 싶어요? 어떤 면이 좋아요?"
"정말 잘해줘요."
"심성이 좋은 사람이에요."
"경제적으로 안정되어 있어요."
"빨리 결혼하고 싶어요."

이런 대답들을 들으면 나는 다시 두 번째 질문을 한다.

"잘해주는 것은 나중에 변할 수도 있는데 그런 것 말고 변하지 않는 것은 무엇일까요?"
"심성이 구체적으로 무엇인지 말해볼래요?"
"돈은 있다가 없을 수도 있는데 돈이 없는 그 사람도 괜찮다고 생각하나요?"
"빨리 결혼하고 싶은 이유는 뭔가요? 혹시 자신이 안정되고 싶나요? 아니면 남자친구의 안정을 도와주고 싶은 건가요?"

결혼은 어제 하고 내일 교환하거나 환불할 수 있는 것이 아니다. 결혼을 선택할 때는 반드시 따져봐야 할 조건이 있다. 조건 없는 결혼은 없다. 반드시 있어야 할 조건과 없어야 할 조건이다. 결혼 상대방을 정할 때는 자신이 원하는 조건을 정해야 한다. 먼저 상대방에게 반드시 있어야 할 조건, 즉 본인이 절대로 양보할 수 없는 조건을 적어보는 것이 중요하다. 그리고 그 조건에 우선순위를 매겨보라.

다음으로 상대방에게 있으면 안 될 조건, 즉 본인이 절대로 수용할 수 없는 조건을 따져봐야 한다. 가능하면 구체적인 단어로 적어야 한다. 이 과정을 번거롭고 귀찮게 생각하면 안 된다. 이성적이고 현실적인 판단을 내려야 할 순간이기 때문이다. 결혼은 단순한 연애나 교제가 아니라 가정이라는 새로운 집을 짓는 것이기 때문이다.

'예쁜 얼굴이나 멋'은 의학기술의 도움으로 개선될 수 있으므로 우선적인 조건이 되기 어렵다. '돈이 많아야 한다', '내게 잘해줘야 한다'라는 조건은 변할 수 있으므로 조건으로 성립될 수 없다. 이처럼 변할 수 있는 조건 말고 성실함이나 삶의 가치관 같은 본질적인 성품에 초점을 맞추는 것이 바람직하다. 하지만 모든 조건을 충족시키는 사람을 만나기는 불가능하므로 본인에게 필수적인 결혼 조건을 정한 후 배우자를 선택할 때 그것을 고려한다면 현명한 결정을 내릴 수 있다. 당신이 양보할 수 없는 조건은 무엇인가?

두 번째 조건은 결정적인 매력을 평생 지키려는 의지다. 연애 시절에는 상대방의 호감을 얻으려고 서로 노력한다. 상대방이 원하는 것을 해주려고 애쓰기 때문에 단점보다 장점만 눈에 들어오고 매력으로 느껴진다. 단점은 관심 없고 매력만 눈에 들어오는 '콩깍지'가 씐 시기다. 하지만 막상 결혼하면 콩깍지가 벗겨지면서 서로 단점들이 보이고 그동안 보여준 모습이 거짓이라고 생각되면서 실망한다. 작은 것에서 시작된 실망은 절망이 되고 갈등의 늪에서 헤어나오지 못하는 안타까운 상황이 연출되므로 연애 시절 상대방에게 보여주는 모습은 솔직하고 진실해야 한다. 또 상대방에게 결정적인 매력으로 보여준 모습이 있다면 그 모습을 지속적으로 유지하려는 노력이 필요하다. 그 매력이 '성실함'이라면 꾸준히 유지해야 하고 '배려'라면 변함없이 배려해 주어야 한다. '지적인 면'이라면 지적 성장을 위해 노력해야 한다. 살다 보면 일상적인 외모에 신경 쓰지 않는 경우가 많다. 하지만 배우자가 상대방의 '단정한 모습'에 반해 결혼을 결심했다면 외모가 흐트러지지 않도록 노력해야 한다. 이것이 결혼에 대한 예의다.

세 번째 조건은 상대방과의 경계를 존중하는 태도다. 한 가족이더라도 행복이 유지되려면 선을 넘지 말아야 한다. 적정한 교류와 거리를 유지해야 한다. 가정이라는 집을 지을 때 부부는 독립적이어야 한다. 여기서 독립적이란 자신의 영역이 있으며 스스로 결정하고 선택한다는 뜻이다. 의사소통이 잘되고 사생활을 존중해주는 것이 건강한 가정이다. 각자의 일을 인정하고 서로 의견을 존중한다. 서로 독립된 시간을 침범하지 않으며 상대방의 감정을 배려한다. 아무리 가까운 부부 사이더라도 구분이 필요하다. '너'와 '나', '우리'라는 별도 영역을 두어야 한다. 너와 나의 경계가 없으면 서로 관여하고 간섭하게 된다. 관여는 우리라는 공통 영역 안에서만 존재하는 것이 바람직하다.

집에 비유하면 방은 각자의 독립된 영역이고 거실은 '우리'라는 공통 영역이다. 노크도 없이 방문을 연다면 경계를 침범하는 것이고 거실에서 자기만의 독립된 영역을 고집한다면 서로에 대한 존중이 없는 태도다. 화목한 가정은 방과 거실의 영역을 잘 구분하는 가정이다. 그리고 살아가면서 '우리'라는 공통 영역을 조금씩 넓혀가는 것은 서로 닮아가는 것이다. 하지만 아무리 오래 산 부부더라도 각자의 영역을 완전히 없애는 것은 바람직하지 않을 뿐만 아니라 가능하지도 않다.

Chapter

6

모든 행복의 근원은
나 자신에게

사람은 누구나 행복하길 원한다. 하지만 물질적 풍요와 사회적 명성만으로는 행복을 얻을 수 없다. 삶의 매 순간 우리가 가지는 욕망은 소유와 연관되어 우리에게 또 다른 고민과 번뇌를 주기 때문이다. 달라이 라마는 욕망에 대해 '나는 정말 이것이 필요한가?', '이것이 내게 진정한 행복을 가져다줄 것인가?'를 질문하라고 권한다. 진정한 행복은 내가 원하는 것, 그 모든 것을 채웠을 때 느끼는 것이 아니라 내 소유욕을 절제할 때 찾아오기 때문이다. 달라이 라마는 "진정 내가 원하는 것은 이미 우리 안에 있다"라고 말했다. 욕심부리지 말고 비교하지 말고 집착하지 말고 긍정적인 생각을 하고 그 의지를 잃지 않도록 자신을 다스리는 것이 행복에 이르는 길이라고 가르쳐준다. 그런데 현대인들은 고통의 근원을 외부 환경에서 찾으려고 한다. 내가 처한 상황이 그렇고 내가 속한 사회가 그렇다고 외부에서 원인을 찾는다. 하지만 달라이 라마가 직시한 고통은 우리 스스로 만든다는 것이다. 달라이 라마는 '당신이 행복하지 않다면 집과 돈과 이름이 무슨 의미가 있는가?', '이미 당신이 행복하다면 그것들이 무슨 의미가 있는가?'라고 묻는다.

모든 행복의 근원은 나 자신에게 있고 내가 얼마나 숭고하게 살 것인가도 나 자신에게 달려 있음을 깨닫길 주문한다. 살아가면서 책이나 직접적인 만남을 통해 위대한 스승을 만날 기회가 있다. 그런 스승을 만나는 것은 큰 행운이다. 스승을 만나 깨달음을 얻었다면 우리 삶이 훨씬 풍요로워지기 때문이다.

일과 사람

인간관계에서 가장 중요한 것은
말없이 서로 믿어주고 사랑하고 사랑받고 있음을 자주 느끼는 것이다.
- 해피데이, '고마워요, 내 사랑' 중에서

새로 옮긴 직장에서의 일이다. 규모는 전 직장보다 작았다. 전 직장은 역사가 오래된 기관이어서 다양한 것을 배울 수 있었다. 많은 경험과 지식 덕분에 새 직장에 적응하는 데 별 어려움은 없었지만 새 직장이니 긴장감도 있고 새로 배워야 할 것도 많았다. 업무 파악을 위해 노력하던 어느 날 관장님이 나를 찾아와 내가 알고 있고 내가 할 수 있는 일을 조금 줄이면 좋겠다고 말씀하셨다. 평소 나는 내가 받는 월급의 몇 배는 더 일하는 것을 당연하게 생각했다. 관장님의 태도에 나는 좀 의아했다. 심지어 관장님이 이상하다고 생각했다. '열심히 일하겠다는데 조금씩 하라니 뭔 소리야!' 그때는 그렇게 생각했다.

한참 지나서야 나는 관장님 말의 의미를 깨달았다. 나는 최일선 직원이 아니라 관리자이니 일도 중요하지만 직원과의 융화를 생각하라는 우회적 표현이었다. 새 직장이니 조직문화와 직원과의 적응 기간을 배려하신 것이다. 그 뜻을 제대로 이해하지 못한 나는 내 방식대로 일에만 매진했고 몇몇 직원들과 감정적 균열이 생겼다. 직장은 일하는 곳이니 열심히 일하는 것은 당연하지만 혼자서만 일할 수는 없다. 함께 일하는 동료들이 기계가 아닌 사람인 이상, 직원과의 관계가 좋아야 일도 매끄럽게 진행될 수 있다. 다른 직원들과의 관계가 껄끄러우면 일 처리가 사무적이 되고 삐걱거릴 수 있다.

좋은 관계는 일하는 데 필수적인 윤활유와 같다. 관계가 안 좋으면 여기저기서 잡음이 난다. 실금 같은 틈이 생기면 그 균열은 점점 더 벌어져 나중에는 돌이킬 수 없는 상황이 된다. 원만하지 못한 관계는 좋은 관계를 유지하는 법을 잘 모르거나 좋은 관계를 유지하려는 의지가 없을 때 생긴다.

관계가 껄끄러운 직원이 있었다. 다 함께 힘을 모아야 하는 일인데도 그는 그 일의 부정적인 면만 강조해 함께 일하기가 편치 않았다. 일할 때도 소극적이고 방어적인 태도로만 일관하니 너무 불편했다. 나는 그 직원과의 관계를 개선하려고 이런저런 시도를 했다. 처음에는 그럭저럭 진행되던 대화가 나중에는 각자의 주장만 하다가 끝나 서로 평행선을 달렸다. 누구의 잘못이라기보다 상대방이 바뀌기만 바라고 솔직한 속마음을 표현하지 않았기 때문이다. 당시 우리는 의사 표현에 서툴렀지만 솔직히 자신에게 돌아올 피해 염려가 더 컸던 것 같다. 그렇게 서로 진심을 말하지 못하고 계속 불편한 사이로 지냈다.

서로 보는 둥 마는 둥 지내던 어느 날 우리 복지관 상담업무 직원들의 의사소통 교육 프로그램이 있었다. 나는 교육 대상자는 아니었지만 그 직원과의 의사소통에 어려움을 겪고 있어 청강했다. 큰 기대를 안 한 그 교육은 내게 많은 깨달음을 주었다. 교육시간을 통해 그 직원의 마음을 조금은 파악할 기회가 되었다.

문제는 내게 있었다. 나는 사회복지사로서 높은 자부심에 직원들을 열심히 가르치고 더 성장시키려는 욕구가 강해 직원들에 대한 지도업무(슈퍼비전)에 그 누구보다 큰 비중을 두고 정성과 열정을 쏟아부었다. 그것이 직원을 성장시키고 조직을 발전시키는 일이라고 생각했기 때문이다. 물론 틀린 생각은 아니다. 직장인으로서 바람직한 자세다. 하지만 나의 열정적인 모습 이면에는 훌륭하고 유능한 상사로 인정받으려는 욕심이 있었다. 더 솔직히 말하면 새 직장에서 인정받지 못할지도 모른다는 두려움이 있었던 것 같다. 나는 직원을 위해 노력한다고 생각했지만 결국 나 자신을 위한 행동이었음을 깨닫는 순간이었다. '나는 직원들은 바라보지 않고 내 방식대로 내 속도대로 일했구나! 그래서 관장님이 일을 줄이라고 했구나.' 그런 생각에 놀랐지만 나 자신의 내면을 되돌아보는 좋은 계기였다.

교육 종료 후 일할 때마다 '이것은 내 욕심 때문이 아닌가?' 따져보게 되었다. '내가 원하는 기대치인가, 우리가 원하는 기대치인가?', '내가 원하는 방식인가, 직원들도 원하는 방식인가?' 그렇게 다른 직원들의 눈높이도 생각하게 된 것이다. 내 눈높이로만 너무 빨리 걸어서 그 직원이 버거워한 것이다. 내가 빨리 걸으면 직원들은 뛰어와야 했다. 그 후 나는 직원들이 내 말과 행동을 제대로 이해하는지 생각하게 되었고 상대방의 상황과 입장을 살피면서 일을 진행했다. 그동안 불편했던 직원에 대한 마음가짐도 달라졌고 그를 대하는 태도도 변하기 시작했다. 자연스럽게 그 직원과의 관계도 좋아져 만족스러운 직장생활을 할 수 있었다.

자기 성찰은 자신을 알아가는 것이다. 내가 진정으로 원하는 것과 두려워하는 것을 아는 것이다. 밖으로 표현되는 자신의 모습보다 그 모습을 드러내는 내면을 깊이 바라보는 것이 성찰이다. 내면의 소리를 듣는 것이다. 성숙한 사람은 자신이 원하는 것과 두려워하는 것을 받아들여 자신을 수용한다. 자기 수용을 먼저 하지 못하면 타인을 수용하기는 더 어렵기 때문이다.

달라이 라마를 만나다

인간은 사랑받기 위해 창조되었고 사물은 사용되기 위해 만들어졌다.
세상이 혼돈에 빠진 것은 물건이 사랑받고 사람이 사용되기 때문이다.
- 달라이 라마

딸과 인도 배낭여행을 간 적이 있다. 흔히 인도 여행은 최고의 여행이거나 최악의 여행 극과 극이라고 한다. 그만큼 다양한 모습을 가진 나라가 인도다. 내게 인도 여행은 다행히 큰 깨달음의 여행이었으니 최고의 여행이었다. 인도 여행을 하면서 가장 극적인 일화는 달라이 라마를 직접 접견한 것이었다. 달라이 라마의 설법이 있던 날, 새벽 일찍부터 줄을 서서 가장 가까이서 그를 볼 수 있는 곳에 자리 잡았다. 그는 3시간 동안 쉬지 않고 말씀하셨는데 설법이 다 끝나고 퇴장할 때 내 앞을 지나가면서 환한 미소를 지으며 인사까지 보내주셨다. 설법이 열린 남걀 사원에 온 모든 사람에게 빵과 전통차인 밀크티를 나눠주었다. 설법 시간이 임박하자 승려들은 한 명도 빠짐없이 이리저리 뛰어다니며 빵과 차를 나눠주느라 바빴다. 설법을 들으러 약 2천 명이 왔는데 그 많은 인파가 조용히 질서정연하게 서로 배려하며 함께 차를 나누는 모습은 매우 놀라운 광경이었다.

내가 달라이 라마를 처음 알게 된 것은 책을 통해서였다. 사진으로 본 달라이 라마는 강한 인상이라고 생각했지만 실제로 만나보니 매우 천천히 움직이는 작은 체구의 노인이었다. 표정은 매우 부드럽고 인자했다. 특히 웃는 모습이 인상적이었는데 설법 도중에도 중간중간 큰소리로 잘 웃었다. 달라이 라마가 맨 처음 강조한 가르침은 '서로 존중하고 자비를 베풀라'였다. 인간은 누구나 존중받지 않을 자가 없으며 인간 그 자체로 존중받아야 한다고 역설했다. 또 인간답게 잘 살아가려면 서로 도와야 한다고 말했다. 그러려면 '발심(發心)'해야 한다. 발심은 '뭔가를 하기 위한 깨끗한 동기', 즉 청정심으로 마음을 일으킨다는 의미다. 뭔가를 해야 하거나 하고 싶은 동기는 청정심에서 나온다는 말씀이었다.

두 번째는 '숙고(熟考)'다. 삶에 대해, 살아가는 것에 대해 깊이 생각하고 그 생각을 자기 것으로 취해야 한다는 말씀이었다.

세 번째는 '수행(修行)'이다. 어떤 생각을 했다면 그 생각을 끝까지 실천해야 한다는 내용이다.

마지막으로 사람은 '끊임없이 배워야 한다'는 것이다. 배움을 게을리하지 말고 배우는 데 힘쓰라고 말했다. 배우기만 하면 안 된다. 배운 것을 다른 사람에게 알려주어 공유해야 하며 그것이 사랑과 자비를 베푸는 것이라고 말했다. 인도에 다녀온 지 수년이 지났지만 그 날 달라이 라마의 설법에서 받은 감명은 오랫동안 큰 울림으로 남아 있다.

달라이 라마는 인도에 직접 가지 않더라도 책에서 만날 수 있다. 달라이 라마와 하워드 커틀러의 '행복'에 대한 인터뷰 내용을 중심으로 『당신은 행복한가』가 출간되었다. 이 책에서 달라이 라마는 '나'와 '타인'은 비슷한 삶을 살고 있으니 나의 정체성을 중심으로 나와 너를 합친 '우리'로 확장되는 것이 중요하다고 강조한다. 행복이란 나와 타인이 서로 연결되어야 하며 그 연결은 사회로 연결되어야 한다고 주장한다. 달라이 라마는 '많은 사람이 왜 불행한가?', '인간은 왜 고통을 당해야 하는가?' 등 매일 우리가 던지는 질문을 한다.

사람은 누구나 행복하길 원한다. 하지만 물질적 풍요와 사회적 명성만으로는 행복을 얻을 수 없다. 삶의 매 순간 우리가 가지는 욕망은 소유와 연관되어 우리에게 또 다른 고민과 번뇌를 주기 때문이다. 달라이 라마는 욕망에 대해 '나는 정말 이것이 필요한가?', '이것이 내게 진정한 행복을 가져다줄 것인가?'를 질문하라고 권한다. 진정한 행복은 내가 원하는 것, 그 모든 것을 채웠을 때 느끼는 것이 아니라 내 소유욕을 절제할 때 찾아오기 때문이다. 달라이 라마는 "진정 내가 원하는 것은 이미 우리 안에 있다"라고 말했다. 욕심부리지 말고 비교하지 말고 집착하지 말고 긍정적인 생각을 하고 그 의지를 잃지 않도록 자신을 다스리는 것이 행복에 이르는 길이라고 가르쳐준다. 그런데 현대인들은 고통의 근원을 외부 환경에서 찾으려고 한다. 내가 처한 상황이 그렇고 내가 속한 사회가 그렇다고 외부에서 원인을 찾는다. 하지만 달라이 라마가 직시한 고통은 우리 스스로 만든다는 것이다. 달라이 라마는 '당신이 행복하지 않다면 집과 돈과 이름이 무슨 의미가 있는가?', '이미 당신이 행복하다면 그것들이 무슨 의미가 있는가?'라고 묻는다.

모든 행복의 근원은 나 자신에게 있고 내가 얼마나 숭고하게 살 것인가도 나 자신에게 달려 있음을 깨닫길 주문한다. 살아가면서 책이나 직접적인 만남을 통해 위대한 스승을 만날 기회가 있다. 그런 스승을 만나는 것은 큰 행운이다. 스승을 만나 깨달음을 얻었다면 우리 삶이 훨씬 풍요로워지기 때문이다.

함께 걷는 길

동행은 같은 방향으로 가는 것이 아니라 같은 마음으로 가는 것이다.
- 해피데이, '동행하는 인생' 중에서

'장애인의 날'에 즈음해 장애인과 비장애인이 함께 하는 걷기대회가 있었다. 나도 참석했는데 처음 참가하다 보니 장애인과 함께 걸을 때 어떻게 해야 하는지 조금 긴장되었다. 나름대로 새로운 마음가짐을 갖고 장애인 파트너를 만났다.

첫째, 천천히 걷자고 생각했다. 함께 걸어야 하니 장애인들과 보폭을 맞춰 천천히 가면 된다고 생각했다. 장애인들보다 앞서

가지 않고 거리 차이가 안 나도록 천천히 걷기로 했다. 하지만 천천히 걸어도 파트너와의 거리가 점점 벌어졌다. 나는 천천히 걸었지만 그들에게는 빠른 걸음이었던 것 같다. 얼마쯤 가다가 서서 파트너를 기다리면서 간격이 벌어지지 않도록 노력했다. 파트너와 함께 가려면 천천히 걸어야 한다. 나 혼자가 아니라 타인과 함께 걷는다는 것은 보폭과 속도를 맞추는 것이다. 천천히만 걸으면 되는데 상대방과 속도를 맞추기는 생각보다 쉽지 않았다.

둘째, 함께 가자고 생각했다. 처음 출발할 때는 장애인의 어깨와 내 어깨를 나란히 하고 걸었는데 조금 걷다 보니 내 어깨가 앞으로 나가는 것이 느껴졌다. 의식하고 다시 보폭을 좁혀 어깨를 나란히 맞추기를 여러 번 반복하고 나서야 그와 함께 걸을 수 있었다. 걷는 동안 그 친구와의 대화도 제대로 할 수 없었다. 이 대회에서 처음 만난 친구이다 보니 일상적인 인사 말고는 별다른 대화를 이어가기 쉽지 않았다. 서로 입을 다물고 걸으니 속도가 느려지고 어색함은 더 커졌다. 대화를 이어가려고 애썼지만 말을 꺼내기도 여간 조심스럽지 않았다. 어색함이 조금 길어질 때쯤 파트너가 먼저 말을 걸었다. 그가 건넨 한마디가 얼마나 반가웠던지. 그 말 한마디 덕분에 나는 상대방의 표정도 살피고 숨소리에도 신경 쓰면서 걸을 수 있었다. 그 후 서로 이야기에 귀 기울이면서 자연스럽게 걸을 수 있었다. 함께 걷기는 꾸준한 관심과 배려가 필요했다.

셋째, 즐겁게 걷자고 생각했다. 행사 코스를 절반가량 갔을 때 뒤에서 걷던 참가자들이 우리와 합류했다. 아는 사람도 있었고 처음 만난 사람도 있었다. 여럿이 함께 모이니 둘이 걸을 때보다 대화도 풍성해지고 웃음도 많아졌다. 서로 이해하고 더 많이 친해졌다. 참가자 모두 마음을 열고 함께 걸었다. 나는 천천히 걷고 있다는 것조차 느끼지 못할 정도로 자연스럽게 보조를 맞추고 있었다. 진정으로 하나가 된 것이다. 다 함께 즐겁게 걷는다는 것은 열린 마음으로 하나가 되는 것이었다. 천천히 걷다 보니 걷기대회는 생각보다 시간이 많이 걸렸다. 타인과 함께 하는 것은 생각보다 훨씬 많은 시간이 필요했다. 장애인이든 비장애인이든 각자의 속도가 있다. 함께 한다는 것은 속도를 맞춰가는 것이다. 속도를 맞춘다는 것은 상대방을 바라보며 기다려주는 것이다.

갓난아기가 일어서 걷고 뛸 때까지는 시간이 필요하다. 부모는 아무 불평 없이 기다려준다. 아이 스스로 걷기 전까지는 부모가 대신 걷거나 뛰어줄 수 없다. 부모는 아이가 잘 걷고 뛰도록 바라보고 필요하면 손을 내밀 뿐이다.

직장에서도 마찬가지다. 직원들 스스로 역량을 높이도록 지

원하고 각자의 리더십을 발휘하도록 협력해야 한다. 사회나 국가도 마찬가지다. 누가 먼저 앞서간다고 다 따라오는 것은 아니다. 누군가 힘들어하면 잠시 기다려주고 손잡아줘야 한다. 함께 한다는 것은 각자의 방식으로 속도를 내기보다 서로 속도를 맞춰 가는 것이다. 혼자 멀리 가는 것보다 함께 발맞춰 가는 것이 더 강하다.

호칭이 존엄을 부른다

부부생활은 기나긴 대화와 같다.
결혼생활에서는 모든 것이 변해가지만 함께 있는 시간의 대부분은 대화에 속한다.
- 니체

김 대리의 얼굴에 걱정이 가득했다. 결혼한 지 6개월도 안 된 새댁인데 날이 갈수록 기운이 없어 보였다. 결혼 후 남편이 달라졌다는 푸념이었다. "결혼 전에는 정말 다정하고 듬직했어요. 그래서 결혼했고요. 그런데 요즘은 말도 잘 안 하고 집안일도 안 도와줘요. 어제는 술에 취해 포도를 사와 방바닥과 이불에 쏟아버렸어요. 이불도 더러워지고 속상해 많이 울었어요. 엄마가 해주신 이불인데." 얼마 전 김 대리의 남편 선배가 신혼 때

기선을 제압해야 한다고 남편에게 말했단다. '아직도 그런 조언을 하는 선배가 있구나. 그리고 아직도 그걸 실천하는 어이없는 후배가 있네!'라는 생각이 들었다.

부부는 성숙한 성인으로서 수평적, 인격적 관계를 유지해야 한다. 그런데 누가 누구의 기선을 제압한다는 말인가? 무엇을 위해 기선을 제압하고 그러면 무엇이 좋아질까? 제압은 상대방을 억누르고 통제한다는 뜻이다. 부부가 서로 억압 대상이 되면 그 가정이 올바로 기능할 수 있겠는가? 부부가 수평적이 아닌 수직적 관계로 맺어지면 무엇을 기대한다는 말인가? 기선 제압 운운하는 가정치고 건강한 가정을 찾아볼 수 없다.

거대한 댐을 무너뜨리는 것은 작은 구멍에서 시작된다고 했다. 부부는 작은 구멍이 안 생기도록 예방해야 한다. 이미 작은 구멍이 생겼다면 커지지 않도록 열심히 보수공사해야 한다. 메꾸지 못한 구멍은 '갈등'이 되고 갈등으로 인한 틈은 점점 커져 위험해질 수 있다. 이것이 부부간에 수평적 인격관계가 이루어져야 하는 이유다.

호칭은 수평적 관계를 유지하는 데 매우 중요한 역할을 한다. 호칭은 상대방에 대한 인식을 보여주는 징표다. 예로부터 부부간 호칭은 '여보', '당신'이다. '여보(如: 같을 여, 寶: 보배 보)'는 남편이 아내를 부를 때 쓰며 '보배처럼 소중한 사람'이라는 뜻이다. '당신(當: 마땅할 당, 身: 몸 신)'은 아내가 남편을 부를 때 쓰며 '마땅히 자기 몸처럼 소중한 사람'이라는 뜻이다. 그런데 요즘 부부간 호칭은 '오빠', '자기야', '○○ 엄마', '미선아' 등 다양하다. 아내를 '미선아'라고 부르는 것은 문제가 많다. 호칭에는 상대방에 대한 존중이 담겨 있기 때문이다.

연애 시절에는 둘만 괜찮으면 아무 호칭이든 이해할 수 있지만 결혼 후에도 그러면 곤란하다. 당장 호칭을 바꾸는 것이 어색할 수 있지만 잠시면 된다. 서로 노력해 상대방에게 존중을 담은 진심 어린 호칭을 부르는 것이 어떨까? 나아가 일상대화도 존대어로 바꾸면 어떨까? 가장 중요한 것은 수평적이면서 존중이 담긴 부부간 호칭을 사용하는 것이다.

깜짝 놀랄 부부간 호칭도 있다. '야'라고 부르는 것이다. 내가 잘 아는 동생은 무척 착하고 타인에 대한 배려심도 깊다. 어느 날 그의 집을 방문했다가 아내에게 '야'라고 부르는 것을 보고 너무 놀란 적이 있다. 그렇게 착하고 온순하던 젊은이는 간 데 없고 아내에게 권위적으로 변해 있었다. 타인이 함께 있을 때도 아내에 대한 배려가 없었다. 나는 너무 놀라 "부부간 호칭이 그게 뭐야! 왜 그렇게 예의도 없어?"라고 야단쳤다. 호칭부터 존칭으로 고치고 아이도 있는데 서로 존중하는 태도를 가지라고 충고했다. 그런데 그 동생은 "뭐 어때? 내가 나이도 더 많은데, 괜찮아!"라며 대수롭지 않게 넘겼다. 안타까운 마음이 들었다. 그는 아내를 처음부터 그렇게 부르지는 않았다고 했다. 처음에는 '미선 씨'로 시작했는데 시간이 지나면서 '미선아'에서 '야'로 바뀌었다는 것이다. 상황이 그렇다 보니 시간이 지나면서 아내도 남편을 '너'라고 부르며 맞대응했고 결국 그 부부는 16년간의 부부생활에 마침표를 찍었다. 두 사람이 헤어진 이유는 서로 하대했기 때문만은 아닐 것이다. 하지만 부부간 존중 없는 호칭과 무례한 대화는 상호신뢰를 급속히 무너뜨렸다. 마음의 상처는 계속 쌓였고 결국 회복되지 못했다.

부부간 호칭이 대수냐고 주장할 수도 있다. 스스럼없는 호칭을 통해 애정과 친밀감을 더 느낄 수 있고 존칭은 오히려 거리감을 만든다고 주장하기도 한다. 하지만 부부가 서로 존경이 담긴 호칭을 불러주면 분명히 생각보다 큰 변화가 일어난다. 가정에서의 변화는 물론 부부관계에도 변화가 나타나고 무엇보다 자녀들이 보고 배우는 것이 많아진다.

독일의 문호 게랄트 휘터는 『존엄하게 산다는 것』에서 "학대

당하고 멸시받으며 자란 아이가 자신의 삶 속에서 서로 사랑하고 배려하는 관계를 만나지 못하면 오직 자신의 경험에 확신을 갖고 기만, 학대, 멸시를 당연시하게 된다"라고 말했다. 이것은 타인과의 관계를 형성하는 과정에서도 그대로 반복되므로 성숙하고 올바른 인간이 되려면 인간다움을 찾아야 한다고 보았다. 인간다움을 찾는 것은 타인 특히 부모의 영향력이 가장 큰데 그 중심에는 '사랑'이 있으므로 부부는 서로 사랑하고 존중하고 평등하고 진심을 담은 호칭을 사용함으로써 자녀에게도 모범을 보이는 것이 좋다.

대화를 하려면 이동규 교수의 주장처럼 "옳은 말을 기분 좋게 하는 것"이 좋다. 그런 사람은 당할 자가 없다. 그런데 대화는 호칭을 불러야 시작된다. 호칭을 안 부르고 대화를 시작할 수는 없다. 결국 호칭은 대화의 물꼬를 트는 징검다리다. 이 징검다리부터 튼튼히 잘 놓아야 무사히 다리를 건너고 존엄하게 살 수 있다.

미안하다는 말은 너무 늦지 않게

2020년 9월 29일 **초판 1쇄 발행**
2020년 10월 9일 **초판 3쇄 발행**

지 은 이 오충순
펴 낸 이 김선민
표 지 urbook
편 집 박진영 김선우
디 자 인 주아르
펴 낸 곳 STOREHOUSE 스토어하우스
출판신고 2019년 12월 30일 제307-2019-89호
주 소 서울특별시 성북구 월곡로 14길 26, 109-1904
전 화 010-5501-1577
팩 스 070-7966-1577
이 메 일 ksmsolo@naver.com **인스타그램** storehouse_books

I S B N 979-11-90912-01-3